恋愛革命
運命の人に出会う
25日間

恋愛カウンセラー

キャシー天野

Cathy Amano

グラフ社

レッスンをする前に——とても大切なこと

信じていることがそのとおりになる、そういった言葉を皆さんも聞かれたことがあると思います。しかし多くの女性が、夢が叶うことを望みながら、そうならないことも多いのではないでしょうか。

私は独自のカウンセリングを通して、考えていることが実際に実現するということを、身をもって体験してきました。そして、その人の心の奥底に抱えている問題を解いていく過程で、さまざまなよい変化が起き、そして伴侶が現れることを知りました。

怒りのエネルギーが高い人は、本人が望んでいるにもかかわらず成功しないのがとても大きな特徴です。この、怒りというのは、その人が幼いときからため込んでいる、「私ばかりがどうしてこんな目に遭うのだろう」という強い恨みです。この気持があると、対人関係でもうまくいかないことが多いし、人に対して持っているマイナスの考え方が自分にも作用してしまうので、なかなか思うとおりに物事が進みません。

カウンセリングでは、とても繊細で最初は心を開かない人々がいます。そういう人々は、自分が受け止めてもらえないと感じると、攻撃的になることがあります。そこに彼らが過去に受けた心の傷が現れているので、私は丁寧に「馬鹿にしたりはしていないし、辛い気持を理解している」ということを伝えます。そしてできること、できないことを誠実に明確にすることで彼らを安心させ、その上で、彼らが「自分を受け入れてくれない」人々に対して、いつも批判的になっていたこと、それは「私をどうして大切にしないの」「どうして私を愛してくれないの」という気持が根本にあることなどを伝えます。すると、彼らの生活が大きく変化するのです。

ある女性も、そのようなタイプでした。周りの人々は彼女の気持を理解せず、傷つけることばかりをする、と悩んでいました。彼女は生い立ちが複雑で、さまざまな面で情緒も不安定でした。私は彼女に、「今まで、あなたは自分の怒りに気が付かずにきたけれども、これからは自分を大切にしましょう。心の中にある『私はいつも大切にされない』『いつもわかってもらえない』という気持を変え、また、お母さんに対して持っていた恨みを捨てて、『自分はこんなに苦しんでるんだから』などと訴えないようにしていきましょう」ということを伝えました。その上で、「こんなことをされた、あんなことをされた」と悩むのではなく、不満や不安があれば、「これはこう感じるので、こうしていただけたらありがたいです」と穏やかに相手に伝えるという作業を同時にしてもらいました。

というのは、こういう怒りを持っている人の場合、相手に不満と不信感を持っているので、相手から離れるか、陰で嫌な気持になるか、あるいは批判的になってしまうからです。そのために、相手もこちらに批判的になってしまうのです。また特に、「私をわかってくれない」ということを無意識に訴えているので、きちんと言葉で愛情や対人関係を育てることが大切になるのです。

彼女がそういったことを学び、実行していくと問題は解決に向かいました。そして彼女は自分の中にある「お母さん、どうして私をわかってくれないの」という気持にずっとこだわっていて、怒りがくすぶっていたということがはっきりと自覚できるようになりました。すると、今まで彼女が持っていた独特の雰囲気がなくなりました。対人関係ですぐに傷つき、内にこもってしまったり、批判的になることがなくなりました。彼女は異性にもきつい印象を与えていましたが、彼女が落ち着くと、彼女の精神性にぴったりな男性と出会えたのです。

この、自分の心の中に抱えている一番の問題を自覚する、ということは、運命を変える上でとても大切です。何でも潜在意識やトラウマのせいにするのではなく、実際にピンポイントでその人の問題そのものに触れたとき、それが真実であるためにその人はかなり衝撃を受けます。また、納得する気持になります。

自分の気持が変わってくると、周りの出来事も変わってくるということは、不思議なことですが、真実です。その中には奇跡的な出会いをされた人も多くいます。もちろん、出会いのない人の中には、仕事に熱中しているからという人もいますし、他の理由がある人もいるでしょう。しかし実際に、「心の中の何か」が相手を遠ざけていることもあるのです。

そして心の中で抱えているその人のこだわりがなくなると、運命の人が現れますが、それは、あなたが自分にぴったり合う人と上手にやっていけるようになったからなのです。そのようにあなたの準備ができると、出会いがあるし、相手ともうまくやっていくことができるということです。落ち着いて人生を楽しんでいる人々に出会いが多いのは、そういう理由です。

つまり、この本は人生のすべての夢を叶える方法ともつながっています。この方法で夢を叶えれば運命の人が現れ、運命の人が現れれば、あなたはすでに生き方が変わっているので、夢を叶える力も持っているということになります。

この本では、私のカウンセリングでとても有効であった方法をお伝えします。しかし、このレッスンで覚えておいていただきたいのは、その人が持っている「その人固有の感じ方」や「偏り」を知らずに、理想的な男性をイメージングしても無理がある、ということです。心の中に「私は価値がない」あるいは「愛されることは嫌だ」といった隠れた気持があれば、ブレーキを踏み込んでアクセルを踏んでいるのと同じ状態だからです。

この本では、カウンセリングでとても多くの人々に共通して見られる例を述べてありますので、あなたが抱えている問題も見つけられるかもしれません。その問題に気が付けば、運命が変わります。

この本の中で、何か心に引っかかること、あるいは、とても強く「こんなばかばかしいこと」と怒らずにはおられないことがあれば、そこはあなたの問題のすぐ近くに触れていることです。問題そのものに触れられると人は感銘するのですが、問題のすぐ近くを触れられると、そこが自分の欠点なので不愉快な感じがします。

普通は、女性のほうが、心を防御している殻が薄いので「何か気になる」という程度の気持から問題が見つかります。男性の場合は、「自分はこのことに不安がある」

「これを守らないと」という心の殻はとても厚く、自分の問題そのものに近づいてくると反感をもったり、「自分だけは例外」と感じることが多いようです。もしそのような気持があれば、自分を変えたくないと、心が抵抗しているということなので、その章をよく学んでみることをお勧めします。

一つ確実なこと、それは、「あなたの心の中にある、核となっている気持が、実現している」ということであり、また、人は誰もが素晴らしい存在で、その気持を癒し、学び、前に進むことが、あなたの人生のテーマであるということです。

そのテーマを見つけられたら、あなたは、平安で幸せで、またすべてのことが手に入っていることに、気が付くはずです。

恋愛革命　運命の人に出会う25日間　もくじ

STAGE.1

潜在意識にわだかまっている自分自身を取り去る

STAGE.2

潜在意識に刻まれている相手像を変える

STAGE.3

あなたに奇跡が起き始める瞬間

STAGE.4

実践――「恋愛」を体験してみよう

STAGE.5

「あなた」自身の価値を見つける

潜在意識に
わだかまっている
自分自身を取り去る

STAGE. 1

潜在意識にわだかまっている
「自分自身はこういうものだ」という考えが、
そのまま実現しているのです。
未来を変えたければ、
この自分像を変えることが必要です。

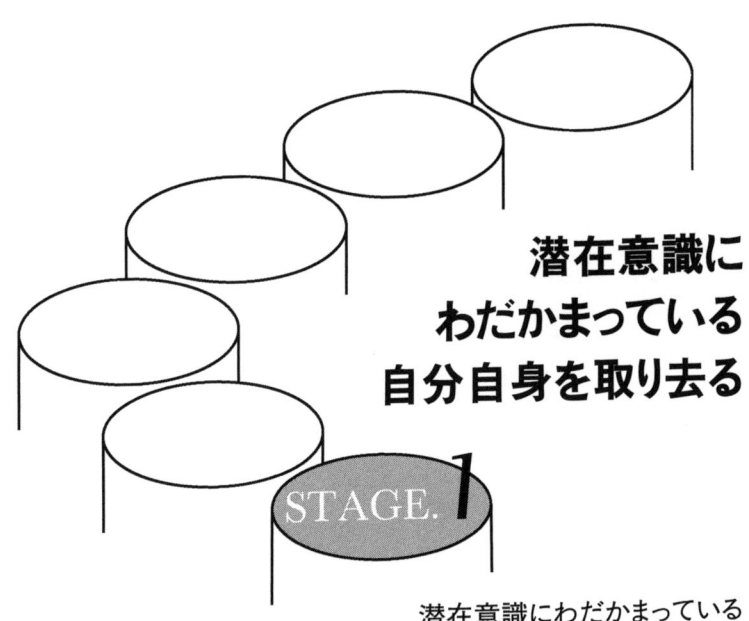

1日目のLesson

癒さなければならないあなたのテーマが見つかると、奇跡が起きる

根本の問題は、常に一つである、と聞かれると、皆さんはびっくりされると思います。しかし、その人の根本の原因を見ていくと、一つにつながっていて、その根本を解決していくと、恋愛、対人関係、そして夢を叶えること、すべてがうまくいくことがよくあります。

少し例をあげたいと思います。ある女性が恋愛のことで相談してきました。男性と付き合っても、二、三か月で駄目になると言います。私が最初に気付いたのは、彼女の弱々しい態度でした。恋愛でも、相手が途中から彼女を尊重せずに、馬鹿にした態度になるといいます。カウンセリングでは、彼女のこれからの姿勢について相談しました。すると、恋愛のほうは落ち着いてきたのですが、今度は、対人関係や仕事がうまくいかないことを相談に来ました。

今回は、もっと深いところで相談に乗ったのですが、結局わかってきたことは、彼女は自分の意見を言わないことを「私はこんなにいい人なんだ」というそぶりをすることでアピールしていた、ということです。そのために、彼女の周りにいる人々は、その弱々しい態度にだんだんいらいらしてきてしまうし、男性も、「何だか嫌気がさす」と言って彼女の元を去っていくのです。

それは、彼女の生きる姿勢であり、ずっと我慢をしながら無意識に押し込めていた感情を、そういう形で解消しようとしていたのでした。そのために、他の人々からは付き合いづらく思われていましたが、彼女にしたら、「彼らの言うことを聞いているのに」「やっぱり私は価値がないから」と考えて、ますます意見を言わずに自分がいい人になって何とかしようとすることを繰り返していたのです。

これが、彼女の生きる姿勢でした。「愛されない不安」があり、「人の言うことを聞かないと自分から人が去っていく」と考えているために、周りの人々とうまく交われずにいます。仕事でも「いい人でありつづけることにエネルギーを注ぐ」けれども、自分自身の意見が言えないので評価されませんでした。そのために、仕事でもそれ以上の発展がなかったというのです。潜在意識に「私は愛される価値がない」という考えが染み込んでいて、それが実現していたのです。

その後、「私はこれから、愛されないということは考えません。それは私の幻想だからです。そして、今後、人々を愛し、たとえ意見が違ってもその意見の違いを楽しみます」と、夜寝るときに口に出して言うようにしてもらいました。すると、彼女の周りの出来事が変わり始め、3か月後にはすてきな男性から声をかけられました。また、仕事でも責任のある仕事をまかされるようになったということです。これはとても印象深い出来事でした。

この奇跡のような話は、ジョセフ・マーフィーの本によく出てきます。マーフィーは、「その人の考え方は実現するので、それを変えることで、さまざまなことが起きる」ということを人々に教えた思想家です。しかしマーフィーの本を読んでも、実際に小さな出来事は起きてきても、あのような画期的な体験はしないことが多いと思います。ただ、彼の本の影響を受けて成功した人が多いこともまた事実です。

なぜ実際に奇跡が起きる人と起きない人がいるかというと、その人が自分の問題に気が付いているかどうかの違いです。マーフィーは、その人固有の心の問題に気が付いて、それを解消していました。彼の本を読んでまねをしても、すべての人にそのような効果が出ないのは、その根本の問題に気が付かずに、さまざまなことをしたために状況が変わっていかなかったということなのです。

私はこの本の中で、カウンセリングで効果があったことを書いています。それはとりもなおさず、あなた自身の心の中に隠されている、一番深い問題を知るためです。

人は普通、根本に近づいた問題は知っているものなのです。

この根本の問題を知ると、とても強い衝撃を受けて、涙が止まらなくなる人もいます。ピンポイントで問題の根本を知ったとき、人はとても変わります。もし根本だと考えていることがあっても、それで問題が解決していかないならば、問題の根本原因の、すぐそばのことはわかっているけれども、そのものはまだわかっていない、ということです。

問題の核を知ったときに人生が大きく変わる、ということは確実なのです。人生が変わるということの中には、あなたを必要とし、双方でよい関係を築ける男性と知り合える、ということも含まれているのです。

理解すること

人は、潜在意識で信じていることが実現している。さまざまな問題の解決方法は、その人が潜在意識で強く信じていることを変えることで解決できる。

実践すること

あなたの根底にある「何か」があなたを運命の男性から遠ざけているので、その問題をよく探ること。また自分の根本の考え方に気が付いたら、それをよく知り、「自分は愛されている」「この問題にもう惑わされない」ということを決意し、いつも口にすると状況が変わってきます。

2日目の Lesson

「あなた」が信じている「あなた」像がそのまま実現している不思議

あなたが信じているあなた像はそのまま実現するということは、聞いたことがあると思います。しかし、あなたの中にある「あなた像」というのは、あまり理解されていないようです。このあなたが考えている「自分はこのようなもの」という考えは、さまざまなところに現れてきて、さまざまな形で影響を与えます。

例えば、あなたが「無理をしないと愛されない」と感じている場合は、恋愛でも無理をします。無理をしているほうが安心できるし、彼の機嫌が悪くなれば、無理をして対応する以外に、方法を知らないからです。しかし実際は、そのように自分が卑屈になればなるほど、相手に大切にされないものなのです。

あなたが自由でのびのびしていれば誰かに愛されるし、あなたを大切にしない男性とは別に縁を持たなくても不安に思うことは何もないということを知ることで、恋愛はうまくいくのです。

不安を抱えている女性は、恋愛を駄目にします。不安になって、焦ってはいけないときに焦ってしまい、彼から疎まれてしまうのです。つまり、「彼から愛されないかも」という恐れが、実現してしまっているのです。

これは、ほんの一例を書きましたが、このような恋愛の癖は誰にでもあり、そしてそれは、あなたが「こうしないと愛されない」「こうすることが正しいことだ」という不安や思い込みから来ているのです。

この、「どういうものが自分であるか」という自画像を変えるには、まず、自分に癖があることを知ることです。彼の機嫌が悪いときに、あるいは彼から愛されないときに、どのような行動をするかは人それぞれです。そのときに自分は何を恐れているのか、どうしてその方法でなければ愛されないと思うのか、どうして「あなたそのもの」であってはいけないのかを考えてみることです。

その上で、「私は愛される価値がある。だから、無理に縁を作ろうとはしないし、落ち着いて恋愛ができる」と心の深いレベルで理解することが必要になります。

不思議なことに思われるかもしれませんが、一人の人にこだわるとき、それはまだ自画像が不安定なときです。自分の不足分を彼に補ってもらおうと思っているので、どうしても「自分のほうが下」「彼の方が上」「彼がいてくれないと嫌だ」という気持が強く、そのために彼は彼女が自分自身を大切にしている素晴らしい女性とは思えません。彼女を大切にできないし、愛さないのです。

ですから、最初は一人にこだわるのではなく、本気で愛される、本当にすてきな人から愛されるという強い気持が必要です。そうでないと、いつもパーティー会場で目を光らせているような、寝る相手としてはいいけれども、そのうちに飽きてしまうような、深みのない女性になってしまうからです。

自画像を作る上で、「私はこうだから人気がない」という気持も変える必要があります。そのように言い訳をするときには、自然とそのことに甘えてしまって、他のことが見えなくなるからです。いつも人と比べて、優越感を持ったり、馬鹿にしたり、それでいて自分がその点で劣っているといじけています。太っている、歯並びが悪いなど、どうしても変えたいところは変えていけばよいのです。しかしそれを、もてない言い訳にして居直らないことが大切です。

あなたは価値のある女性です。どうしてそうなのでしょうか？　それはあなたがそう信じるからです。どうしてそう信じられるのでしょうか？　あなたの命そのもの、あなたの存在そのものを肌で感じることが大切だからです。人は素晴らしい存在です。誰かと比べてそう信じるのではなく、あなたが心の底から、「私そのものが大好き」になると、あなたが望むように、「あなたそのもの」がいてくれたらいい、という男性が現れる、ということです。

理解すること

今まで、あなたの恋愛がうまくいかなかった、あるいは愛されなかった理由は、あなたが「本当は愛される価値がないのではないか」「こうではない私は愛されないのではないか」と信じていたからである。

実践すること

「私は、自分の本質は愛される存在であることを心から信じます。このように心から信じたときに、奇跡が起きることを知っています。私は自然で、豊かな自分自身を愛します」この言葉を、毎晩寝る前に唱えることで、意識を変えていくことができます。

3日目のLesson

恋愛癖からのアプローチ

その人の恋愛の癖が、その人の恋愛がどうなるかを決めています。それについては、『恋愛上手　とっておきの方法』（グラフ社刊）に詳しく述べてあるので、こちらでは割愛しますが、その人が持っているさまざまな考え方の偏りが、恋愛では同じような現象をいつも起こしてしまう、ということです。

あなたの恋愛癖とは、「あなたがどういう人間であるか」の裏返しでもあります。例えば、「自分は同情を引かないと愛されない」と心で信じていると、つい同情を引く話をしてしまうために、友情は育めても男性からは敬遠される、といったことです。あなたの価値観が何であり、どうしたら愛されるかということについて、誤った考え方を持っているので、それが多かれ少なかれ実現している、ということです。

この恋愛癖とは、「自分が正しい」と思い込んでいることであると思ってください。

人に合わせなければ恋愛ができない、という女性の場合は、「彼に合わせることが親切だし、愛情」だと考えています。しかし自分の考えていることを全部彼に合わせていると、そのうち相手は、「面白みがない」と思い始め、他の女性に乗り換えてしまいます。すると彼女は、またしても、「私の努力が足りないからだ、彼に合わせよう」とその癖を強化していきます。

また、彼にわがままを言っても聞いてくれないときに、それは相手が自分を愛してくれてはいないからだ、と高飛車に出てしまう場合も、根底には「恋愛はこうでなければならないんだ」という気持があり、その考え方がその人の癖です。

恋愛癖は、その人の考え方の癖から出ているので、恋愛の本を何冊読んでも自分の得意なところを強化させていくだけという傾向があります。例えば、人に親切にすることで対人関係がうまくいくと考えていると、「自分を大切にする」「自分の生き方をしっかりと貫く強さが、男性に愛される」というところは読み飛ばすのです。そして、問題が起きたときに、やはり彼にこびることで問題を解決しようとしています。

女性の中には、ものすごく気楽に男性と関わりを持つ、という癖を持っている人々がいます。メールでも、「その日？　あいてるあいてる。うれしいなー。会えるの。

おしゃれしちゃうね。おまけに、(その後、延々と続く)♡」みたいなメールを書きます。

彼女たちの特徴は、相手を喜ばせれば喜ばせるほど愛されるという勘違いをしていることですが、こういうメールを書く女性は、男性に尊重されない付き合いをします。というのは、こういう女性は、肉体関係を持つのも早いし、自分からどんどん彼に合わせていくので、彼は、自分を大切にしている、素敵な特別な女性であると感じないからです。

また、男性はだますもの、という思い込みから、最初から「真剣に付き合ってくれるのでなければ嫌だ」と言ってしまう女性もいます。これも、相手に自分と深く関わってくれと命令しているのと同じですから、男性から尊重されません。

態度がきちんとしていれば、あなたがいいかげんな人でないことは伝わります。自分で相手を見抜こうとせずに言葉で確認を取ろうとするのは、「わたしを支えてくれないなら嫌だ」という甘えがあるからです。

実際この言葉を聞いて、男性が女性の望むレベルで真剣に受け止めてくれるには、彼が愛情を持っていないとならないのです。最初からそれを要求しても難しいので、自分で彼が真剣かどうか、時間をかけて判断すること、彼に甘えて彼に要求して安心しようとしないことが大切です。

恋愛癖をなおすには、事実をしっかりと見ることと、自分とは違うタイプの人からも学ぶことが大切です。あなたはその方法が正しいと感じているし、その方法でなければ駄目だと感じています。しかし、あなたとは違う方法でも、よい関係を結んでいる人はいるのではありませんか？

理解すること

誰もが、偏った考え方で恋愛していることがある。その偏りを取り去ることで、恋愛が変わってくる。

実践すること

あなたらしくすることを覚えてみましょう。メールでつまらないことを書いてしまったと心配になったら、追加のメールを何度も入れてもかえって逆効果です。待つことで答えが見えてくることもあるのです。「待つ」こと、「慌てて次の手を打たない」強さを持つことで、あなた自身が見えてきますし、あなたの恋愛の癖が修正されていきます。

4日目のLesson

「あなたが信じているあなた」のチェック

あなたは愛されている自分というものを、信じることができますか？　意外なことに思われるでしょうが、出会いのない女性や、恋愛に問題がある女性の場合、カウンセリングを続けていくと、彼女たちの心の奥底から湧き上がってくる思いは、「どうせ私は愛されるはずがない」「幸せになったら、人から妬まれる」「母親が、私が離れていくことを嫌がっている」というさまざまな禁止事項です。

この禁止事項は、心の奥に隠されていて、「幸せにならないように行動をする」原因となっています。この、気がつかない禁止事項が意識の表に出てくると、人はすぐに変わることができます。愛される自分というのは、信じているようで、信じていないということです。

あなたは幸せな結婚生活を心から思い描くことができるでしょうか？　その際に、

彼に欠点があっても、二人で乗り越えられることを信じられますか？

出会いがない女性の中には、潜在的に男性を恐れていて、そのために現実には関われない男性を愛する女性もいます。愛されたいという焦りはあるけれども、欠点のある相手には関わりたくない気持があるために、彼が人間らしい欠点を出さない、現実に関わってはいない男性だけを愛するのです。

病院の先生や、カウンセラーの先生など、実際には彼女に関心を示さず、しかし優しく理想の男性に感じられる男性を好きになることがあります。しかし彼はそういう女性の不自然さや未熟さを感じて、相手に愛情を持てず、恋愛にはならないのです。

この「自分を信じる」という気持の中には、あなたの力をもう一度認識する作業も入ってきます。人は育つ過程で、「どうせ私が何を言ってもお母さんに気持は届かないし」「私は思うとおりに生きてはいけないんだ、間違えるから」という思いを植えつけてきた場合も多く、こういう人々には無力感があっても、それに気が付きません。その無力感を癒すために理想の男性を求めるのです。立派な彼さえ現れれば、私も救われるかも、ということです。

しかしそのようなときは、まだ自分の像の中に、「私には力があって、一緒にうまく暮らしていける」という成熟した思いがないために、男性から深く求められることはありません。そういう女性は魅力がないからです。

「私は、幸せになる力がある。二人で困難を乗り越えていく力がある」ということを知ることで、運命の男性に出会う場合もあるのです。

理解すること

「あなた」の意識の中には、「幸せになりたい」と思うと同時に、「それは無理なんじゃないだろうか」という恐れが同時にある。それを克服することが運命の男性に出会う上で大切なことである。

実践すること

紙を出してみてください。そして、「叶ったら困ること」をどんどん書き出してください。心の壁が厚い人だと、なかなか本音が出てきませんが、それでも驚くような言葉が出てきます。それがあなたが本心で考えていることです。「私はこういう考えを捨てて、本気で幸せになる！」と強く自分に言い聞かせてください。

5日目のLesson

そういう「あなた」になったわけ「親からのアプローチ」

まずここで理解していただきたいのは、親との関係を知るということは、親を責めるということではないということです。そうではなく、正しい位置に自分が戻っていくということなのです。とりもなおさず、それは真の意味で親を理解し、愛することでもあります。

恋愛ではさまざまな問題が考え方の癖からくることをお話ししましたが、この癖は、もともとの自分の考え方の癖であるとともに、両親との関係の中で、どういうときに、どういう反応をするか、ということを身につけてきた結果でもあることがわかります。両親との関係が複雑であるほど、恋愛ではさまざまな問題があることが多いのです。それは恋愛も対人関係だからです。そして、対人関係は両親を通してどういう会話をするかを学んできたものだからです。

両親との会話の中でよく使われる方法は、相手に「罪悪感」を持たせる、ということです。子供が思うとおりになるように、「あなたがこんなふうだから」「どうしてお母さんを苦しめるの」という言葉を使うことで、子供たちは自然と罪悪感を持ちます。そしてそれを学んだ子供は、兄弟間や、あるいは対人間で、それを同じように会話に混ぜて、相手を動かそうとするのです。

罪悪感を持たせることをやめると、親子の関係も変わってきます。対人関係も改善していきます。

恋愛の相談では、不倫をして家を出て行ったご主人の相談も多くあります。こういう場合、正しい会話の方法を使うと、ご主人が帰ってくることがあります。男性は、理不尽なことではありますが、罪悪感を持たせると反省するどころか、もっと悪いことを無理にすることがあります。ですから、今まで罪悪感を持たせていた行動、泣きわめく、叱る、激怒する、などをやめて、しかしご主人が奥さんをないがしろにする行為は毅然として受け入れず、動じない姿勢でいることで効果が現れます。

理不尽に聞こえるご主人の話を冷静に受け止め、しかし自分の生き方はしっかりとすると、相手も変わってくるのです。今までの話し方では、気が付かないうちに相手に罪悪感を持たせて、自分がいかに惨めであるか、自分が正しいかを、無意識に相手を責めながら伝えようとしていたので、その方法を改めるのです。すると、今までめちゃくちゃなことをしていたご主人が反省することがあります。正しい会話、正しい愛情は、同じように、あなたに愛情になって返ってくるのです。

ものを伝える方法でうまくいかないのには、家族の中で学んできた方法に、何か原因がある、ということです。

理解すること

恋愛の問題がうまくいかないということには、原因をたどると家族関係から学んだ対人関係での愛情の求め方に問題があったり、男性に対する不信などがあることが多い。

実践すること

家族に対して、正しい会話ができるようにしていきましょう。自分が犠牲になることをやめましょう。毅然とした態度をとることが大切です。同時に、「犠牲心」ではなく、本物の愛情によって会話をすることが必要になります。あなたが他の人にしたいことは、本当にしたいことですか？　泣いたりわめいたり責めたり、わざと苦しいことを見せつけたり、彼らに罪悪感を持たせて、相手を縛ろうとしてはいませんか？　彼らにすることは、「あなたが本気でしたいこと」でいいのです。それ以外に相手の心を動かすことはありません。卑屈な奉仕をいくらしても、愛されることはないからです。

STAGE.2

潜在意識に刻まれている相手像を変える

潜在意識の中に、「人とはこういうものだ」
「男性はこういうものだ」という考えがあると、
相手からそういう面を引き出したり、
そういう相手と出会うことになります。
波動を上向きにして、理想の男性と出会うためには、
その考えを変えることです。

6日目のLesson

「あなた」が信じている「男性像」がそのまま現れる

ジョセフ・マーフィーの本の中に、何度もだらしない男性をひきつけて結婚していた女性の話が載っています。マーフィーは、彼女が立派な男性をひきつけたいと思ってはいるものの、実際は「どうせだらしない男性がくる」と思っている考え方や、男性と関わる上で主導権を握らなければならないという考え方を変えさせました。そうすると、彼女にふさわしい男性が現れたのです。

このような話は実際に数多くあります。その女性の男性像は、そのままどういう男性をひきつけるかを決めています。「男性は暴力を振るうものだ」「男とは浮気をするもの」「私を大切にはしてくれないだろう」と考えていると、二つの点で、それが実現してしまうのです。

一つは、こういう女性は、「嫌だ嫌だ」と感じながらも、そう信じている男性と関わりを持ちやすくなります。嫌なのだから関わりを持たないほうがよさそうなものだ、と考えるかもしれません。しかし、頭の中で、無意識にそういうタイプに男性らしさを感じたりしてしまうのです。その裏側には、そういう男性が普通だと考えているので、自然とそういう男性を探し出してしまう、ということがあります。

二つ目には、相手に対して思い込みが強いと、相手もそういう男性になってしまう、ということがあります。自分のことを「よい人だ」と信じきっている人に対しては、よい面が出しやすく、「悪いやつだ」と考えられていると、知らず知らずのうちに、相手にもきつくなってしまうのです。男性の場合は、何か事件があったときに、疑われて責められると、やけになってますます悪いことをすることがあります。落ち着いていれば何の問題にもならなかったことが、「やっぱりこの人はこういう人なんだ」という思い込みが強いために、彼を追い込んでしまうのです。

いずれにしろ、潜在意識で信じていることが実現する、ということは事実ですから、あなたの心の奥底に考えている男性像、あなたが出会いたい男性像をしっかりと心の中に考えられなくてはならないということです。

理想の男性がどんな人かを書き出すと、そのとおりの男性に出会えるということも実際にあります。しかしそうではない場合があるのは、心の奥底でそういう男性が現れる、ということを信じていない、また、あなた自身がそれにふさわしい女性であると思っていないからです。

ある女性は、「立派な男性に出会いたい」と望みつつ、「男性は幼いものよね」と、強く感じていたので、気が付かないうちに男性を子供扱いしていました。彼女がそのような態度をとるので、意志の強い男性は彼女に頭を抑えられるような気がして近づかなかったのです。自分が信じていることで、男性のよい点を引き出せない一例です。

理解すること

その人が心の中に理想の男性像を思い描くと、そういう男性が現れる。しかし、同時に、その人が「潜在意識の中で」無意識にかたくなに信じている男性像があるのであれば、それを変える必要がある。

実践すること

「男性はこういうものである」というものを書き出してみましょう。思いついたものをすべて書いてみてください。最初はよいところしか思い浮かばなかったものが、だんだんと、マイナスの考えが出てきますが、それは、あなたが信じている男性像です。実際にそういう自分の考えを見ていくと、驚くほどそういう男性が身の回りに集まってきていることに気が付くはずです。その思い込みに気が付くことが、運命を変える第一歩です。

7日目のLesson

体験談からのアプローチ

人は、過去の恋愛から、さまざまな方法を実際に学んできています。その中で、男性とのお付き合いの仕方が決まってきます。これは、思わぬところでさまざまな問題を起こす原因となることがあります。

心の奥底で考えていることは実現するということが、近年になって言われていますが、潜在意識の中には今までの心の傷も入っています。そういう傷がもとで、なにかと潜在意識に刻み込まれたマイナスの思いが実現していることもあります。過去の恋愛で傷ついた言葉があるとすると、彼はそういうつもりで言っているのではないのに、こっちが過敏になって傷ついて、相手とうまくいかなくなることもあるのです。

今までのレッスンでもそうなのですが、これは自分からはなかなか気が付きにくいことです。そういう過去の傷が原因で相手とうまくいかない人々の相談を聞いていると、「彼の誠意が感じられない」「どうしてこんなことをするのかわからない」ということで非常に悩んでいます。そして彼を無理やりに自分の思うとおりに動かそうとしたりしているのですが、原因をたどっていくと、彼の態度がおかしいのではなく、自分が傷ついているからということも、たくさんあるのです。愛情を示されているのにそれがわからないのです。

男性は思いやりの示し方が女性とは違いますから、彼女にデートを断るときにも、「疲れているから」とか、「今回は家で休みたい」といったことが正直に言えず、「仕事だから」と言ってしまうこともあるのです。もちろん、それは誠実ではありませんし、女性にしてみれば、「正直に言ってくれたって怒らないのに」と思いますから、理解しづらいのです。

しかし彼が言い訳を言った事実を知っても、彼が他の面で誠実であれば、「そうか、疲れていると言えなかっただけだから思いやって寝かせておいてあげよう」と考えられます。ところが過去に裏切られた経験をもち、ウソにとても敏感な女性だと、「信じられない。どうしてこんな不実なことをするの」と感情的になるので、男性は彼女をどうなだめていいのかわからずに、彼女にウソを重ねてしまうことになります。しかしそれは彼がウソつきだからではなく、彼女が彼を追い込んでいるのです。

彼が不誠実なのであれば、そういう彼とは付き合わないほうがいいのです。よくない縁を切れるのは、よい縁を信じられるからです。よくない縁が切れないと、よい縁はやってきません。ですから、相手があなたを大切にしないのならば、その彼にずっとくっついているのはよくありません。しかし、それがあなたの過去の傷から来ていて、実際には問題がないのであれば、それは過去の思い込みをなくすことが大切になってきます。

こういったことは、出会いの場でも起きます。よく裏切られるという女性たちの場合、「裏切られた」ということが傷になっていて、「今度こそ裏切られないぞ」「相手に愛してもらおう」という強い意気込みを持っていることがあります。そして関係を焦って、早い時点で彼の家に行ったり関係を持ったりするので、彼にしたら「彼女から来てくれた」という思いが強くなってしまいます。

まだ彼の愛情が育っておらず、自分から彼の胸に飛び込んだのに、「私を抱いたからもう私たちは付き合っているはずだ」「もっと大切にしてほしい」「両親に挨拶を」となってしまって、彼を怖がらせてしまいます。その結果、彼は追い詰められて「ちょっと待って、まだ結婚なんか考えられないよ」ということになるのです。すると彼女は、「私を利用した」「裏切った」と騒ぐのです。しかしそれは、彼が裏切ったというよりも、「私の思うとおりにしてくれないのは、裏切ることだ。それで過去にも捨てられたことがあるから」という気持があるからです。

この場合、もし彼女に「裏切られる」という恐れがなく、きちんと恋愛を進めていく自信があれば、「こうしたから彼はこうすべきだ」という気持にはなりません。その結果、慌てることなく、落ち着いた女性でいますし、彼と無理に関係を結ぼうとしたりとか、彼の気持がまだ熟していないのに結婚を迫ったりもしません。あらゆる場で正しい判断ができるので、男性からも愛されるチャンスが多くなります。

心の傷を癒し、正しい判断ができること、慌てないこと、よく状況を見極めること、相手に恨みを抱いたりせずに、自分の責任で恋愛ができるようになると、男性から関心を持たれるようになりますし、対等な立場で男性から愛されるチャンスが増えるのです。

理解すること

過去に受けた傷を乗り越えて、明るい未来を考えることで、運命の男性に近づくことができる。

実践すること

「こういう理由で、どうせだめなんだ」と考えていることを、書き出してみてください。たしかに、過去には、そういう理由で傷ついたことや、うまくいかなかったことがあるかもしれません。しかしその気持を克服し、「今の私は、運命の男性に出会える」と強く信じることができると、それは実現します。

8日目のLesson

怒りと要求の二重のメッセージが異性を遠ざける

心の中の思いは実現します。マイナスのことをいつも考えていればそれが実現し、またプラスのことを考えているとそれが実現していきます。しかし大概、心の中で考えていること、奥底で感じていることは、プラスよりもマイナスのほうが多いのです。しかしそういう思いを変えていけるならば、よいことが起きてくるのです。

この心の働きには強力な力があります。特に感情を伴う思いは、とても強く心に刻み込まれるので、さまざまな形で影響してきます。マイナスの思いの大きなものに、「怒り」があります。怒る気持があると、東洋医学では肝臓をいためるとされています。また、体調全般にもよくないことは、皆が感じていると思います。

恋愛でも、この怒りは、運命の人と出会う上でとてもマイナスに働きます。しかし怒りは自覚されるものばかりではないのです。

怒っているときにめちゃくちゃなことを考えることは、誰にでもあるものです。やけくそになると、思わぬことを考えたりします。自暴自棄な気分になることもあるでしょう。そういった気持は、普段は心の奥底に隠れていますが、注意しないと、あえて自分を傷つけるような怒りの感情となって姿を現すことがあるのです。

このような怒りが恋愛でも出てくることがあります。怒りが形を変えて、「幸せになんかなってやるもんか」「私のことをわかってくれない人たちにどんなに惨めかわからせてやるんだ」という気持になるのです。これは本人が気持を探っているうちにだんだんと出てくるもので、それを自覚できるようになれば、変な行動をしなくなりますから、男性と出会いやすくなります。

また、怒りが強いと、他の人への要求も強くて、人とうまくやっていけないことが多くなります。急に裏切られたような気になって、仕事や対人関係で相手に不信を持つのは、相手が自分に対してきちっとやってくれないと感じるからです。

さてここで、「人を許すと奇跡が起きる」ということについて、お伝えしたいと思います。この許すということは、気がつかずに溜め込んだマイナスのエネルギーを解放することですので、真に許すことができると、奇跡が起きることは多いのです。出会いがなかった女性が、今まで心に溜め込んでいた怒りを許したときに、さわやかな気持になり、その後、理想の男性に出会ったということは、実際にあった話です。

許すということを聞くと、「私は恨みなんか持っていないわ」と考える人がほとんどです。許すというのは、心に感じている恨みを許すことだけではありません。そうではなく、他の人々の幸せを願えるようになることで、自分の心の中にあるわだかまりを完全に取り去ることです。さらに言うならば、今までに受けた傷を、自分の責任として引き受け、今までは「こういう状況だったから私はこれ以上進めない」と心の中で訴えていたけれども、「自分の力で歩んでいける」と決心して、そうできる力を取り戻すことでもあります。

今あなたに、幸せになることが許せない人がいるのであれば、彼らの幸せを今すぐ祈ってください。それによって、自分の心の中にある、「私は彼らが幸せになることが嫌だ」という気持、つまりは、「自分自身も幸せになるもんか」というこだわりや妬みを癒すことができます。心の奥底というのは不思議なもので、他人の不幸を願うとそれを自分にも起こしてしまう力をもっているからです。そのような妬みやマイナスの感情をなくすことで、心は初めて、自分を幸せにすることに全力を尽くすようになります。そしてその力はとても大きなものになるのです。

また、許す人がいない、という人々も、もし傷つけられたことがあるとしたら、「そのせいで私はこうなった」と考えるのではなく、「これから、自分は幸せに生きよう」「彼らも事情があったのだろうから、それを理解しよう」と感じることで、力を取り戻すことができます。

理解すること

あなたがもし誰かに「どうしても幸せになってほしくない」という気持を抱いていれば、それはそのまま自分自身に向かう。心の奥底では、同じように「私も幸せになるもんか」という強いこだわりができてしまうためである。

実践すること

「私はこの人を（名前を入れて）心から解放します。そして彼らの幸福を心から望みます。それにより正しい道が示されることを知っているからです」この言葉を何度も心が受け入れるまで唱えてください。この言葉には力があり、もし正しく理解して用いるならば、周りに起きる出来事が変わってきます。あらゆる相談者の仕事運や恋愛運を変えてきた言葉です。特によいのは、朝晩、声に出して言うことです。

STAGE.3

あなたに奇跡が起き始める瞬間

あなたに奇跡が起き始めるとき、
それは、あなたが「奇跡」を受け入れたときです。

9日目のLesson

叶うイメージング、叶わないイメージング

この本の中では、一貫してその人の思いが実現していることを伝えてきました。その人が心の奥底で気が付かずに持っている思いは実現していく、ということです。この思い込みを変えるためには、自分が思い込んでいるマイナスの思いを見つけ出し、それを粉砕して、新しいあなたを描かなければならない、ということを書いてきました。そして、自分の考え方の癖に気が付くように、さまざまな実例に触れています。

さて、イメージングしたことは叶う、ということは聞いたことがあると思います。潜在意識に入っていることを書き換えて新しい未来を手に入れるために有効な方法は、夜寝る前に言葉を言いながら眠りにつくことと、イメージングです。寝る前は、いつもなら「こんなことは変だ」と考えがちな心の壁でも越えられるからです。つまり、普段感じている考え方をすっと通り過ぎて、潜在意識に入るので、ストレートに心に

伝わるのです。

カウンセリングではこの方法を使っていますが、これは、よい言葉を無理に唱えるよりも、その人が根本で抱えている問題をなくし、癒す形で、新しい自分を受け入れる言葉を言ったほうがずっと効果的だからです。カウンセリングでは、さまざまな問題を抱えた人々に対処しています。ある人は、親から伝えられた価値観を根底で信じ込んでいて、「真面目でないことは価値がない」と強く感じていました。その人の場合は、対人関係で他の人のよいところを見ることができず、一つのことに非常にこだわって仕事がうまくいかなくなっていました。彼には、「これからさまざまな価値観を受け入れます。わたしはさまざまな価値観を受け入れることで自分が駄目になるとは信じません。これからは正しく判断し、よい道に導かれるからです」という言葉がとても有効でした。彼は、「他の価値観を受け入れると人間が駄目になると親から教えられており、他の人の不真面目な話を聞くと非常に不安」になっていたので、その考え方がさまざまな問題の原因だったのです。

この、特別な言葉を夜寝る前、あるいは朝起きてすぐに唱えることは、アファーメーションと呼ばれています。

もう一つ有効な方法は、イメージングです。この、未来を想像してイメージングすることも多くの人が実践していますが、これも爆発的に大きな力を出すには、やはり方法があります。

思い描くことでさまざまな現象を引き起こしていける人は、その思い描いたことに抵抗がない人、夢に無理がない人なのです。女優になりたいと思い描いていると実現しますが、それは、その人がその夢に抵抗がなく、勉強やオーディションなどを着々とこなしていくということが条件になります。

しかし、自分の心の底で、「自分はそれを受けるのには能力が足りないし、できないのではないか」と考えている人は、実際に自分が目標に向かって動き始めるとすぐに目標を変えてしまいます。これは、心の中にある無理だという思いが、イメージングを打ち消してしまって、何かうまくいかないことがあると、自分の能力のないことを認めることが怖くて、すぐに他の目標に逃げてしまっているのです。

目標を達成するには、イメージングして、同時に行動し、その行動に怖い気持があったら、何が怖いのか原因を知り、取り去るということをしてください。すると、急激に未来が開けてきます。運命の人に出会うというイメージングをしていると、あなたのイメージングが本気かどうか、すぐに試されます。

最初に出会った人があなたと話していると急に変な顔をしたように感じたり、メールでよい返事が返って来なかったり、ちょっとしたことが今までと同じように気になるのです。そのときに「やっぱり駄目だ」と考えるのではなく、「何が」怖いのかを探るのです。そしてその原因が、自分は愛される価値がないと信じていることなのであれば、それを癒しながら彼には執着せず、必ずよい人が現れると信じて、彼との付き合いを落ち着いて余裕を持って進めていくことが必要になるのです。

この方法で実際に相手に出会った人々がいます。よいことはどんどん取り入れ実践しながらも、一人に比重をかけずに、前向きに自分の恋愛以外の生活を充実させてください。そのようにしていけば、素敵な出会いがあるはずです。

理解すること

夜寝る前に、夢を思い描くことは夢を叶えるとてもよい手段になる。しかし、心の奥底に恐れを感じていると、夢が叶う前には以前の考え方に戻ってしまうような出来事に遭うので、そのときに慌てずに乗り越えることが必要になってくる。

実践すること

あなたの夢を紙に書き出し、繰り返しイメージングし、夜寝る前に唱えてください。しかし同時に、あなたの本当の望みや、恐れに気が付く必要があります。そのようにしても夢が叶わないときには、必ず、あなたの本心はその夢を叶えたくないと言っているので、その声を正確に聞くことが大切です。

10日目のLesson

恋を叶える魔法の方法

人は、感謝が大切であることを知っています。そして感謝すると、人生がよくなっていくということも知っています。

感謝すると、心の中で変化があります。さまざまな今まで見えなかったことが見えてくるのです。

感謝は誰もがしようとしていることでしょう。そしてその大切さも知っています。しかし大切なことは、「あなたが一番足りないと感じているところに感謝する」ということです。

自分が当然だと思っていて、この考え方は絶対に変えたくない、ということが運命を変える上で一番大切な宿題です。あなたがこだわっていること、あなたがこだわっている考え方、「どうしてこの人は、自分と違ってこんなふうなのに成功を収めているのだろう」とか、「この人は人としてはそれほどよい人ではないのに、どうして幸せな結婚をするのだろう」「この人は私を傷つけた」「私一人が損をしている」などという気持が心の奥底にあるとき、まるで光があたらないところが隠されているかのように、暗い部分が見えなくなっています。それは月が丸い形であるのに、光のあたる三日月だけがあると信じるようなものなのです。

あなたにはすべての答えも、あなたの人生を開く力も与えられています。しかし心の中で「どうして私だけ、こうなんだろう」とか、「私だけ損をしている」と感じていると、たくさんの宝物に気が付く力を失ってしまうのです。「どうして私だけ」と考えると、本当にそういうことが起きてきます。

その扉を開く鍵が感謝なのです。

隠された考え方の中に、「どうして私だけが」という考えがあると、あまりよくないことが起きることがあります。例えば、男性から声をかけられて期待をしたとします。期待をしますが、最初の恋愛ですぐにうまくいくほうが珍しいので、初めのうちは、さまざまなことが起きます。そして自分を好きになってくれると信じていた彼からメールがこなくなった時点で、「どうして私だけが」とぴたっと動きが止まるのです。普通はそういうことが何度かあって、その先に幸せになるのに、「どうして自分だけが」と考えている人々は、単純な、誰にでも起こる「うまくいかないこと」があるたびに、そこで「どうして私だけが」と悩んでしまって、先に進めないのです。

こういう癖を持っている人がチャレンジしなくてはならないことは、感謝するということです。

その人が「どうして私だけが」と考えるに至った最初のところへ戻り、そのときに、本当は自分だけが苦労をしたのではないこと、さまざまな人から助けを得ていたこと、また、一人の人に「全部してね」と期待し、望むのではなく、その人が、たとえ小さくてもしてくれたことに感謝することを覚えるようにしていきます。

感謝が十分にできると初めて、その人は、根強く自分の心の中にあった「自分だけが損をしている」という気持を癒せるのですが、そうすると、今まで恋愛で些細なことでくよくよしていたことがわかって、自然と友人も多くなり、素敵な縁ができてきます。

理解すること

自分だけが損をしているという考え方は、そのまま実現する。自分が損をしていると考えていると、ごく普通に来る試練にも乗り越えていく力がなくなる。感謝はそういう考え方の癖をなおすので、即効で効果があがる魔法の方法である。

実践すること

マーフィーの本の中で、ある貧しい男性が心の中に恨みを抱いていることをマーフィーが見抜いたという話があります。マーフィーは彼に、外へ行ってすべての人に感謝をするように言いました。そのようにしたところ、彼は富を得たということです。「あなたが一番こだわっていること」を知り、感謝してみてください。これは、あなたが「絶対にしたくない」ことに感謝をする、ということです。

11日目のLesson

運命の人をひきつけ、離さない意外な方法

結婚後に起きてくる問題は、何であると思われますか？ それは、相手が急に色あせて見えてつまらない存在に思える、ということです。この時期はどのカップルにでもやってきます。しかしそう考えるときはお互いさまで、そのときは、相手もそのように思っているのです。

運命の人をひきつけ、そしてよい関係を保ちつづけるには、一つ絶対に必要なことがあります。これは、とても効果があるもので、二人の間を親密にします。

その方法は、「こだわっていることをなくす」ということです。これは相手の間違いを許す、ということだけではありません。今まで育ってきた過程の中で抱え込んでいる自分の気持を癒すことが大切です。

ご主人に辛くあたってしまう人のカウンセリングの場合、私はまず、その人の育っ

た状況を聞きます。すると必ず、両親のどちらかから受け取った価値観に問題があります。「こうでなければならない」というこだわりですが、それは突き詰めると、「こうでなければ何かが嫌だ」「怖い」という気持を持っている、ということです。

またある人は、結婚相手とはうまくいっていたはずなのに、急に頭に来だしたそうです。しかし彼女のイライラは、自分が両親から怒られたときのことを思い出して「これをしないと駄目なんだ」と感じて焦ってしまったことが原因であったことに気が付くと、彼女の怒りはやみました。その上で、ご主人を愛している、ということを彼女が確認すると、人の心は鏡なので、ご主人も優しくなりました。

このように、「こうしないとすごく嫌だ」とこだわってしまって、自傷行為をしたり、ノイローゼになるまで悩んだり、子供に優しくできないのは、両親から叱られた気持や、こうしないと駄目だという不安がまだ記憶に残っていて、焦ってしまっているのです。

運命の人をひきつけるためにも、心の中にあるこだわりを取り除く必要があります。過去に暴力を振るわれた経験があって、同じような男性ばかりと関わってしまう女性がいますが、彼女達の心の中をたどっていくと、「やっぱり許せない」「やっぱりわたしを愛してはくれなかった」という強いこだわりを持っていることがあります。こだわっている出来事は、同じような現象を引き起こすか、あるいは幸せになったはずなのに、過去の悲しみから抜けられない、という形で現れます。

感謝と同じで、この「こだわりをなくす」ということも運命を変える上でとても大切なことです。

ある男性は、お父さんが許せずにいました。自分のことを評価しない、と彼は感じていたからです。そのため、彼の心には深い劣等感がありました。彼はそのためにがんばって勉強して一流の大学を卒業していました。また、たくさんの趣味を持つことで、自尊心を持つようにしていました。しかし彼は、穏やかな性格にもかかわらず、権威をもった男性に対して非常に辛らつな批判を繰り返していました。

すべてのものを手に入れて自尊心を持っていた彼でしたが、結婚してから、奥さんに責められたときに、気持がお父さんに責められているときに戻ってしまったのです。彼女を敵視し、愛せなくなったと言っていました。しかし彼が「自分がやり込められている」という気持にこだわっていることに気がつくと、彼女の言葉が気にならず、冷静に話し合いをすることができるようになりました。

こだわっていることすべてを捨てて、幸せな未来に向かって歩むという確たる信念があると、運命は変わっていくのです。

理解すること

あなたの心の中にある他の人に対するわだかまりは、形を変えてマイナスの現象となって現れる。あなたが心の中を整理し、そういうわだかまりを取り除くならば、よいことが起こってくる。

実践すること

以前、私に同じことが何度も起こりました。そのことについて深く考え、答えを知りたいと望んでいると、ある人にとても怒っている夢を見ました。彼のしたことをまだ考えていたようです。しかしその夢を見てから、彼のことを理解するようになり、心から彼の幸せを望めるようになりました。すると、彼がニコニコと笑っている夢を見ましたが、それから事態が驚くような方法で改善していきました。「もしこだわっていることがあったら、私はそれを捨てたい」と心から望んでください。

12日目のLesson

あなたの個性が魅力になるとき

人はもともと、愛され、愛するようにできています。人は、幸せになるように創られています。もし、そうでないなら、その人は怒りやさまざまな思い込みによって、心を閉じているということです。

人は愛し、愛されるということを知らないとき、間違ったものを求め、間違ったものを与えようとします。すると、苦しくなってきます。それは本来の目的に添っていないからです。

いつもころころと気持を変えて怒りっぽい両親に育てられた人は、自分は幸せになってはいけないと強く感じています。何か楽しいことをしていても、急に両親が怒り出したからですが、そういった人々に共通するのは、怒りを感じることはできるのに、喜びを感じてはいけないと信じていることです。そのために、なかなか伴侶が現れないのです。こういった相談例は、実際に多くあります。

しかし彼女たちが自分は愛を求めていたからこそ、愛されないことに怒って他の人にも批判的になっていたと気が付くと、心の扉が大きく開きます。今まで恐れていた、人と深く関わってはいけないという気持がなくなるからです。

人は、自分を守るために心の扉をあるところで閉じています。その方法でずっと生きています。しかし、その人が恐れを感じていると、逆に他の人と傷つけ合ってしまうのです。そういう人は同じようなタイプの人と問題を起こす傾向が強いのですが、愛を学ぶと、そういう人々とのトラブルも起こらなくなります。

例をあげると、ある女性は、親から暴力を振るわれていたので、非常に心を閉じていました。誰にも本心を明かさず、どうせ人は自分のことを理解してくれないだろうと感じていました。そのために、対人関係でも問題が多くありました。ちょっとしたことでもぶつかります。片方が、相手の言葉にいちいち傷つかずに、「あ、そうなんですか」と受け止められると相手も落ち着いてくるのに、双方の言葉が双方にとって、気に障ってしまうからです。

これは異性関係にも現われて、付き合っていく過程で、双方が不安になり、彼から暴力を振るわれるということを繰り返していました。不安であるのに同じように不安である人をひきつけ、そのうえ、双方ともに相手の言葉に不安を感じると正しくない方法でそれを解消してしまうのです。

　どうして同じような人をひきつけるかというと、「学び」ということがあります。どれくらい何を学んでいるか、どれくらい心を開いているかということが、同じもの同士をひきつけ合います。もし、自分の心が開いているのに、片方がまだ恐れを抱えていると、開いているほうにとっては、閉じている人が小さなことにとらわれている気がして、会話がものたりなく感じ、愛情を感じません。また、悟っていることが双方であまりに違いすぎる場合は、話している内容がお互いにウソっぽく聞こえるので、やはり会話は成り立たず、結局、同じような学びをしたもの同士がくっつく、ということです。

　つまり、同じような波動の人をひきつけるのです。その人を失う恐れではなく、愛されない恐れでもなく、愛を学ぶことで成熟した相手から愛され、お互いに支え合う関係を作ることができるのです。

　この愛情を学ぶ、ということについて詳しく述べましょう。誰でもその個性は、それぞれ素晴らしいものです。しかしその個性が嫌われたり、好かれたりすることがあります。

ある男性がどんなに会話が上手でも、女性にまとわりつき、いつも自分の話を彼女に聞かせようとするならば、その「会話が上手」という彼の個性は鬱陶しさになります。彼が彼女を失い、彼女から評価されないことを恐れているからです。この場合、彼の話し好きは欠点になります。しかし、彼が恐れを捨てて真に愛情を示し、彼女が求めるときに必要な助けができるほど落ち着いていたら、彼の会話上手は、とてもよい長所になるはずです。恐れが愛情に変わって初めて、個性は輝きを増すのです。

真に愛することとは、執着ではありません。この人がいないと駄目だという気持は、その人がどのくらい不安を抱えているか、自尊心がなく、誰かに自分の不足していることを補ってもらおうとしているかの裏返しです。

真に愛する決意、落ち着いて相手の言葉に動揺せず、問題を解決しながらも一緒に歩める姿勢がある者同士が幸せになれるのです。そして、そのように愛し、愛されることを学んでいくと、その人の個性が光となって、周りに輝き出すのです。

理解すること

人として成長すること、それは人本来の目的である。正しい行動を愛し、自分の能力を伸ばし、人を愛することができると、人は成長する。成長すれば、成熟した人々と知り合いになる。恐れや罪悪感ではなく、愛情を選んでいけば、あなたにふさわしい男性が現れる。

実践すること

人と争うとき、それは自分の中で、不快感や恐れを選択している、ということです。他の人がどのような態度でも、あなたには何かができるのではないでしょうか。恐れの正体を知り、落ち着きを取り戻し、正しい解決方法を考えて物事を進める勇気、双方にとって一番よい道を進む知恵を持ってください。そうすれば、その人は愛情を学んで一つ上の階段を昇ったことになります。

STAGE.4

実践――「恋愛」を体験してみよう

ここでは、出会い、幸せな結婚をするまでの
注意点を書いていきます。
実際のカウンセリングで気がついたことばかりですので、
有効な情報であるはずです。

13
日目の
Lesson

機械作業のとき──こだわらないで前に進む時期

彼に確実に愛されている場合、彼はあなたに関心を持っていて、将来を真剣に考えてくれます。しかし彼がまだ、将来その女性と深く関わっていくかどうかがわからない場合もあれば、付き合っているけれども、まだ愛情は持っていないときもあります。こういう場合は将来を決める段になると、彼が距離を取ります。また、結果的にうまくいかない、というお付き合いもあります。

この、確実に愛されている場合と、結果的にうまくいかない、という場合はそれぞれ特徴があります。ですから、それを知ることで冷静に恋愛を進めることができます。冷静に恋愛を進めるということは、潜在意識に「わたしは、大丈夫って信じているよ」ということを態度で示していくことになるので、とても有益な手段なのです。

まず、恋愛を築く上で大切なのが、機械作業のときです。このときは、まだ相手の好意を感じていても、それが本物かどうかを探りつつ育てて行かなければならない時期です。この時期に女性から積極的に行動して、男性のほうにあまり関心がないのに付き合い始めた場合は、交際が長続きしない傾向があります。女性は普通、「相手がだんだんと好きになってくれるだろう」と考えますが、最初に男性に好意があるかどうかはとても大切です。

恋愛で失敗する女性の多くは、この時期に相手が自分に好感を持っていると考えて、体の関係をほのめかして早い時期に関係を持ってしまった人です。彼のほうで距離を取っているときには、もうそれ以上関わらないようにしましょう。また、彼があなたに好意を示してくれていると考えていても、もし、彼から何の誘いもないときは、自分から行かないほうがいいのです。彼のほうに熱心な気持があると、どんどん話が進んでいきます。それがないときは、彼には関心がないということを覚えておいてください。また、彼の関心があなたにあるのではなく体にある場合は、情熱的にアプローチをしてくれるのに、何だか大切にされていないという感じがすぐに出てきます。それは最初の縁を間違って作っているのです。これはだんだんと経験でわかってくるはずです。あなたと運命の人、あるいは結婚をする人とは、「無理をしなくても」進んでいく感じがありますが、それはとりもなおさず、「彼があなたを好き」ということです。

この時期は、「本当にあなたに関わっていこう」という人が現れるまで、恋愛にこだわらず、機械的に毎日を過ごしていってください。つまり、自分がしなければならないことをきちっと果たし、自分が変えなければならないところはちゃんと見つめて、出会いは増やすけれども、恋愛のことばかり考えないようにするのです。

恋愛が下手な人の恋愛分析をすると、まだ縁ができていないのに、自分が盛り上がって付き合ってしまって、彼の熱はあがらず、そのうちに彼が別れを切り出す、という場合が多いのです。あるいは、ずっと友だちでいる相手に期待をしていて、しかし彼のほうは関心がないのに彼にずっとこだわっている、という人もいます。しかも恋愛のことばかり考えていて、自分の生活をしっかりとしていないので、彼のほうも彼女に魅力が感じられないのです。

この時期はまだ一人に決めず、「こういう人もいるな」と頭の片隅に置きつつ、出会いを求めながらも自分の生活をしっかりしていってください。意外なことだと思うかもしれませんが、恋愛の話ばかりしていて、すぐに付き合ったりする女性は、いい出会いがなかなかないのです。「アリー・マイラブ」のアリーがその例です。

彼が真剣にあなたと関わっていこうとするまでは、まだまだ自分の生活をしっかりしていく時期です。まだ生き方が決まっていないのに、男性のことで頭がいっぱいで、一人の人に全力で関わろうとすると、彼のほうは怖くて逃げてしまうのです。

理解すること

恋愛上手な人は、彼と1対1で付き合えるまでは、比重をすべて彼にかけない。さまざまな男性を見て、また、彼とのことは様子を見つつ、正確に距離を測って、同時に、自分の生活も大切にしている。

実践すること

今、気になる人がいるならば、彼のことばかり考えてはいないか、振り返ってみましょう。彼のことばかり考えて占っていたりすると、「彼べったりのラブラブ光線」が発射されて、彼が引いてしまうこともあります。彼と付き合ってきちんと愛情を育てていけるのでなければ、まだまだ、比重をかける時期ではありません。そのようなコントロールができるようになると、運命は自然とやってきます。

14日目のLesson

彼を信じるという意味

女性は、彼の愛情を引きとめようとするときに、「彼のことを信じていきます」と言います。彼を信じるということは、彼が立派な男性であることを信じて、彼の選択をきちんと受け入れる、ということです。

もし、彼が本当にあなたに関わってきて、その行動がしっかりとしていて、「信じてほしい」と言うのであれば、その言葉を信じることが大切です。

しかし女性に多いのは、彼の行動は自分を愛していないということを表しているのに、無理やりに信じることで安心しようとするケースです。もし彼が、あなたの尊厳を大切にせず、あなたの言うことも聞いていないようなのに、彼を信じるのは、「盲信」になってしまいます。それは彼を信じる、ということではなく、信じるふりをしているということです。そういう場合は安心感がなく、いつも不安になります。

恋愛に関する本を読んで、「信じることが大切」と書いてあってそれを実践しても、何だか不安になることがある場合、大概は、彼は彼女をあまり大切にしていないので、別れることが多いのです。

けんかが増えてきて、大切にしてほしいと女性が男性にごねるようになり、男性がそれを受け入れられずに仕事が忙しいなどと言うときは、彼と彼女の気持の深さがもはや違ってきています。男性が本当に仕事で忙しくても、もし、彼があなたをとても大切にしていて、将来を考えるほどの気持があるときには、仕事で忙しいと言いつつも、何らかのフォローがあるはずです。

もし、いつ聞いても仕事が忙しい、あなたと会いたがらない、あるいは、そのほかの点でもあなたのほうが彼を説得するようになったときは、気持の深さが釣り合っていないのです。

こういうときは、彼をほうっておくことが一番いいのですが、それができずに関係を悪化させることも多くあります。それでもあなたが愛される価値があり、きっとよいほうに導かれると信じられるかどうかです。

彼に気持がないときは、自分を好きにさせようと無理をするのではなく、「彼と私に一番よい道が示される」と信じて待つことです。それができれば、あなたは運命に「幸せになる権利がある」と言っていることになります。相手の自由意志を縛ることはよいことではありません。よい方向に関係が変わって安定していくのは、双方が愛し合っている男女か、あるいは夫婦の場合に限られます。

ですから相手が自分を愛してくれている、と思い込むよりも、「彼と私が一番よいほうに導かれる」と心から信じてください。今まで彼に執着しているために見えなかった原因が見えてくることもあるし、よりよい付き合い方が見えてくることもあります。あるいは一時期距離をおいて、もっとよい相手にめぐり会えることもあります。

不思議なことに、運命の相手ならば、片方が成長するともう一方も成長している、ということがあります。しかし、相手があなたに気持がなくなったときは、彼に執着しないほうがいいのです。

理解すること

彼と問題が起きたときに、彼に「私を愛してくれなければ嫌だ！」という気持が伝わると、うまくいかなくなる。女性は相手に愛情を注げばすべてうまくいくと思い込んでいるが、それが「私を愛してくれないと」という気持になっているときは、彼には負担になる。

実践すること

彼があなたと違う感じ方、考え方をしているのであれば、それを受け入れること。もし彼が、あなたが望んでいるほどあなたを愛していないと気が付いたら、それを受け入れて、焦らずに進むこと。このときに、「私を愛してよ」「付き合っているじゃないの」という思いでいっぱいになると、うまくいきません。

15日目のLesson

彼の本当の気持

運命の出会いをする上で、一人の男性に「絶対に好きにさせてみせる」と意気込んでいると、よい結果は得られません。もっとよい男性がいると信じられるかどうかが大切です。

このように言うと、あなたは不満かもしれません。しかし今までの恋愛経験を考えてみてください。結婚まで行き着くカップルを見ていると、彼は確実に彼女を愛しています。一方、男性は、彼女とは楽しく付き合いたいだけで、愛している訳ではない、ということもあります。

女性は彼から優しい思いやりのある言葉を聞いたり、関係を持ってしまうと彼から愛されていると信じたくなります。しかし、話し合うときは真剣に答えてくれる、連絡を定期的にくれる、冗談でも「僕と付き合っていてもろくなことはないよ」などとは言わないような関係でなければ、実現は難しいのです。

彼が、何かとお金を出すことを嫌がったり、女性が望んでいることを叶える気持がないとか、彼女と出かけるのを嫌がったり、彼女が先に進もうとするときに、「結婚はしなくても一緒にいればいい」と言い出したりするときは、彼はあなたを愛していないということです。気軽に関係を持ってしまったために、男性から愛されてはいない、男性のほうには結婚するつもりはないのに付き合っている、ということです。

この場合は、その事実を承知して付き合っていかないと、いずれ彼女が彼の気持にいらだつときがくるので、双方の思いがぶつかり別れがきます。このままでは別れることになるな、と思ったカップルは、残念ながらその予想がはずれたことはありません。

メールで、国を越えて始まった関係の場合は、別れるカップルの数は、もっと多くなっています。また、国際恋愛をしている女性ほど、「私は愛されている」と感じています。しかし男性は単に恋愛がしたいだけで、結局は駄目になることも多いのです。また、別れることはなくても、彼のほうはそれほど熱心ではなく、ただ関係が長引くだけという場合も、相談を受けていてよくわかります。

実際、愛されている、と感じていても、まだ男性の愛情は十分ではないことがあるので、焦らないことが大切です。彼に愛情があるかどうかは、彼女から結婚の話を言い出すと、彼が距離を取るので確実にわかります。女性は「付き合っているし」「大切にされているから」結婚を言い出しても大丈夫だろう、と思って、関係を悪くすることが多くあります。

彼の気持をしっかりと見ること、結婚前には彼の人格をよく見て、結婚後は、彼の欠点を受け入れていくことができるならば豊かな関係が築けます。

理解すること

男性はものすごく女性を愛しているときには、愛しているという言葉をくれたり、「今までの女性にはしなかったこと」などもしてくれるようになる。一緒に暮らしている、肉体関係のときに優しいというのは、愛情の証明にはならない。

実践すること

愛されているときは、とても安心感があります。支えられていて、大切にされている、という感じがあるのですが、しかし、彼の優しい性格が、そう感じさせているだけという場合もあります。彼が「大切だけれども友だちとして付き合おう」「大切だけれども将来は考えられない」と言うときは、愛してはいないので、この関係を清算したいということです。その気持を受け入れて、彼に急がせないことが大切です。このときに愛されていると感じて傲慢になることが別れの原因として多いからです。

16日目のLesson

「変だ」と思えることに立ち向かえる勇気

女性の「変だ」という勘は大概あたっています。とても大切にされているのに、不安になって彼を疑っている例もないことはありませんが、それは相談の一〇〇例のうち、二例くらいです。大概は、「何か変だ」と感じるときには、2人の間で、気持がすれ違っているということがほとんどです。ですから「相手を信じて待っていればいいんだわ」と何もしないと、関係がぜんぜん修復しないということになります。

そういうときには、真実を見抜くことができると信じてください。嫉妬のあまり、何でもかんでも彼の行動を縛ろうとしないことが大切です。もし、問題が大きく、浮気のようなものであれば、問い詰めるのではなく、そういう人格の彼とやっていきたいかどうかになります。それは「彼」の決心ではなく、「あなた」の決心になります。面白いことに、決心ができる女性ほど、男性ときちんと付き合えるし、よい関係を築けます。しかしいつも「彼が変わってくれたら」「わたしが優しくすることで、彼にわかってもらえたら」と自分が犠牲になることで問題を解決しようとし、自分が決めずに相手に決めさせようとする女性の場合は、問題が解決しません。正しい人と正しい付き合いをするという覚悟があると、彼も本気で女性を大切にするのです。

まず、「真実を見る」ということが大切です。彼の何を変だと思うのか、しかしそれを思い詰めると、そこから妄想になります。「最近、会うことが少ないな」と感じるのであれば、それだけにしてください。「最近、彼が優しくないな」と感じるのであれば、それを見るだけにしてください。そういう彼とやっていけるかどうかを見て、また、真実が明らかになるまできちんと待つことができると、事態は悪いことにはなりません。彼を疑ってメールを見たり、電話をかけるように強要したり、彼のところにいきなり現れて嫌われてしまうよりも、よいように物事は回ります。

ある女性は、彼が浮気していることを知っていましたが、観察はしても妄想はしませんでした。正しく対処し、彼と話し合い、一言だけ、「私か彼女かにしてね」と言い、あとは自分の生活をしっかりとして、彼を問い詰めずに距離を置きました。そうすると結局彼は帰ってきました。このとき彼女は「彼を失う恐怖」に負けて相手を追い詰めるようなことはしなかったのです。

失う恐怖からの行動は、苦しくてもやめてください。彼を変えようとするのではなく、彼と問題を解決できるかどうか、そしてあなたが彼とでは幸せになれないと思うのであれば、決意するのはあなたです。それがパートナーシップの基本です。暴力を振るわれてしまう女性、浮気を何度もされる女性というのは、どこかでこの「自分で決定する」ということを避けているところがあります。

「事実を見て」時を待ち、二人にとって一番よい道が現れると信じること、また現れた結果に責任を持つことです。この強さを持つことができれば、男性と正しいパートナーシップを結べるようになり、深くて豊かで成長し合える男性と出会う資格を得た、と言えます。

理解すること

変だと感じるときには、確かに何かが変なことが多い。そのときには、正しく物事

を見つめる目が必要になる。彼があなたにふさわしい男性かどうか、また、あなたは、彼が去る恐れのために何か見落としていることはないか、見つめることが大切。

実践すること

あなたが信じていることは、そのとおり実現します。ですから、解決方法はあなたの中にあるのです。この際、注意しなければならないことは、「彼を変えよう」とか、「問題があっても無理やりに彼とやっていこう」とするのではなく、「私には正しく選ぶ力があるし、きっと幸せになれる」と信じて、正しい選択をすることです。

17日目のLesson

「愛」は「愛」を呼ぶ

自分を愛さなければ人も愛せない、ということがよく言われます。自分のことを大切にできない女性が彼を愛するのは、「あなたといると、私がもっともっと価値があるように思えるから」だからです。これは、愛情ではなく、彼を失うことを恐れる気持を愛情と勘違いしているので、問題が起こったときに、うまく乗り越えることができないのです。

仲がよいときは優しくできたあなたも、「私を捨てないでよ」「何でもするから」と彼にしがみつくとき、彼は彼女が自分自身を愛してはおらず、また、彼も彼女を本当は大切にしていないことがわかるのです。

この彼を失いたくない、という気持は誰にでもあるもので、一概になくしなさいとは言えません。しかしこの気持を乗り越えると、自分が彼に持っているほのぼのとした本物の愛情に気が付くこともあるでしょう。

「愛は愛を呼ぶ」とは、本物の愛情を育てる、ということです。これは、すべての人に与えられているものです。しかしさまざまなことが起きたときに、隠されてしまうものです。

「お母さん、僕ね、百点取ったよ！」と子供が言っているのに、「うるさいなあ、今、お母さんは忙しいんだってば！」と答えてしまうときでも、お母さんは子供を愛してはいます。しかしこの会話をしているときは、さまざまな理由で、焦りや、怒りや、そのほかの気持を持ちつつ話をしていたので、その愛情は子供に伝わりません。

同じことは男女の間でも起こってきます。お互いに不安になったときに、怒りにまかせて当たりちらしたり、「これが正しいからこうしなければ駄目だ」と押し付けたり、「私の言うとおりにしてよ」と言うときは、愛情からではない言葉を使っているので通じないのです。「あなたのために何でもするから、そばにいてよ！」とすがってしまうときも、恐怖でつながってしまうので、男性はその女性を大切にできなくなります。それは愛情ではないからです。

自分を大切にすると、恐怖を持たなくなります。「彼に嫌われるから」という不安を持たないと、明るく話せるようになるので、会話の内容が濃くなります。それは自分を大切にし、相手を尊重して、愛情でつながるからです。

理解すること

他の人と話をするときに、どのような手段で相手に気持を伝えようとしているかを知ること。時として、さまざまな感情があなたを突き動かしていることがある。

実践すること

何かがうまくいっていないとき、あなたは「何か」に突き動かされています。それは恐怖心だったり、罪悪感であったり、または、相手を思いどおりに動かそうとする気持や、相手と競争してどちらがよい人であるかを言い合っていることもあります。あなたが愛情に基づいて行動をするようになると、問題は解決していきます。

STAGE.5

「あなた」自身の価値を見つける

美人なのに人気がない女性もいれば、
それほど見た目がよくなくても素敵な女性もいます。
その人の魅力は、心の奥底で「人とは違う自分」を
受け入れるときに湧き出てくるものです。
「あなたがあなた自身をどう考えているか」ということで、
あなたの魅力は決まっていくのです。

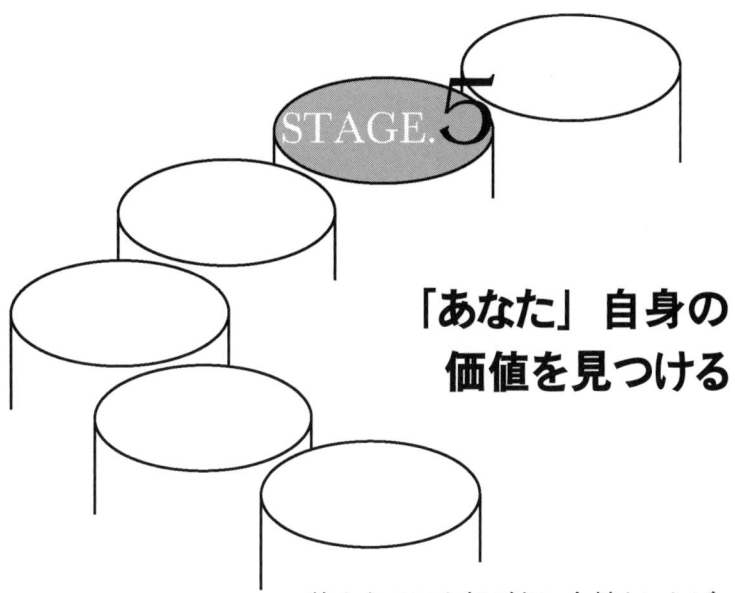

18日目のLesson

「言葉と行動」を一致させる

恋愛でも仕事でも、また夢を叶える上でも、言葉と行いを一致させないと夢は叶いません。しかし、ここで言う言葉と行いとは、ふだん言われているものよりももっと深い意味があります。

つまり、今考えていることと、心の奥底で気が付かずに無意識に考えていることを一致させる、ということです。

恋愛でうまくいかない人の場合、確実に、この「言葉」と「行い」がずれています。相談で多いのは、次のような例です。

「彼と知り合ってから、すぐに誘って飲みに行きました。彼と私はいい感じになったので、車の中でいちゃいちゃしていました。彼が家に誘ったので、すぐに家に行きました。そのとき私は、彼に『不真面目なら、嫌だよ』と言ったら、『不真面目なんかじゃない』と言ってくれたんです。その後、私たちは付き合うようになりました。しかし彼はだんだん冷たくなって、家に行ってもいいかと聞くと、よい返事が返ってきません」

このような場合、意外に思われるかもしれませんが、かなりの確率で別れます（例外として、こういう関係がうまくいくのは、彼女が本気で彼を好きではない場合です。そういう場合は、積極的ではありながらもさまざまなことを女性が計算しているので、べたべたしていても、距離も自然と取っているからです）。

どうしてそのようなケースがうまくいかないのかというと、彼女の言葉とやっていることがばらばらなのです。

彼女はとても「気安く」彼に話しかけていました。メールのやり取りを見ても、すべてが「いいよ～。いつでもいいよ、会いに行くから」という調子なのです。

彼女の間違いは、言葉で「私を大切にしてね」と言ってしまったことです。これは、彼が本気で彼女を愛しているときには、言ってもいい言葉です。しかし、彼女が最初に言ったのは、彼の気持を縛る言葉でした。しかし彼女の行動は言葉とは違い、「真剣ではなくてもいいよ。とにかく、私はあなたと早く付き合っちゃいたいから、あなたが本気かどうかではなく、どんどん行っちゃうからね」ということと同じなのです。彼は彼女の行動で彼女の気持を知っています。いくら彼女が「私はそんな女じゃない」と言っても、彼に「愛してね、何でもするから」という態度なので、彼は彼女の本心を知っているのです。

「安っぽく見ないでね」と言いながら、どう考えても彼の気持がまだ熟していないのに、行動で「いいのいいの、あなたがどんな気持でも。私、急いであなたを手に入れたいから」と言っているのでは、伝わるメッセージは「自分の意志がない」「自分を大切にできない」「僕任せの女性」ということなのです。

まず、このことを学んでください。

あなたの言葉と行動は一致していますか？　あなたは、自分を大切にしているでしょうか？　それは言葉だけではなく、「彼がどのような態度であっても」自分の態度を変えない強さがありますか？　彼の態度で言うことが変わるような弱い態度をいつも示しているならば、彼に本気になって、というのは無理なのです。

理解すること

あなたは、あなたの行動で測られている。あなたが真剣に付き合いたい、真面目に生きている、あるいは、自分を大切にしているといくら言葉で彼に印象づけようとしても、あなたが「本音で」考えているあなたの考えしか伝わらない。

実践すること

どういう女性として愛されたいかを考えてみてください。あなたが信じている自分自身になりたいというのは、本気でしょうか。あなたが尊重されたい面を、あなた自身もきちんと尊重しているでしょうか。

19日目のLesson

「流す」ということ

運命を変える上で、大切なことがあります。それは「流す」技術です。夢が叶わないという相談者を見ていると、流すべきときに流すことができていないのです。

これは、自分の気持を流していく、ということでもありますし、また時を流していく、ということでもあります。

恋愛で言えば、何か問題が起きたときに、占いに凝ったり、同じことをずっと考えていると、問題がそこにとどまってしまいます。面白いことに、そのようにずっと同じことを考える癖のある女性には、同じ問題がずっと起こっています。しかし、その問題は頭の片隅に置いて、自分なりの解決法や、あるいは、時を待つ、と決めて、最善の結果を願いつつも、他のことをしていくと問題はすんなりと解決していきます。

つまり、同じ問題を考えつづけていたために見えなくなっていたことが見えるようになって、とても楽に対処できるようになるのです。

女性の悩みに多いのは、彼からメールの数が少ない、ということですが、男性と女性は、もともと、メールに対する考え方が違います。最近は携帯メールの普及で、男性でもメールが好きな人が増えましたが、それでもメールを頻繁《ひんぱん》にしない男性もいます。

この場合、メールの少なさにずっと悩んで、「嫌われた」「どうしよう」「すぐにメールを出さないと」「謝らないと」「あれが悪かった、これが悪かった」と同じところをぐるぐると回り始めます。彼から嫌われるのではないかしらと思い、占いに頼る人もいます。

しかし運命は、こういうときは開けていかないか、あるいは開けても時間がかかってしまうものなのです。間違ったことがあれば、誤解を解いて、後は時間に任せる、あるいは、彼の仕事が忙しいのであれば、一、二週間は彼のことを考えずにすごしてみる、彼の気持が冷めているのであれば、それを受け入れる気持を持ちつつ、いつまで待つのか、彼に話すとしたら何を話すのか、きっちりと決めてそれ以上悩まない、ということができるようになると、さまざまな点でうまくいくようになります。

運命の扉を開く、ということも全く同じで、同じ問題を心配しつづけていると、どうしてもそこでその人の実力が伸びていきません。そうではなく、その問題に最善を尽くして、また、一番よいことが現れると信じ、他の正しいことに時間を使っていく勇気を持つと、途端に問題が解決するし、問題そのものが学びとなって新しいことが見えてきます。

先に述べた「機械作業のとき」でもそうですが、悩んでいると解決は遅くなります。これは不思議なことですが、よくあることです。逆のようですが、一つの問題にかかりっきりになって、心配をしているよりも、苦しくても、最善を尽くしたら、それについて悩まない、そして一番よい解決が現れる、と考えることが状況を変えます。

しかし、このときに、彼の気持を自分の思うままに変えようとしては、うまくいきません。そうではなく、一番よいことがわかってくると考えることが大切です。うまくいくようになるとさまざまな問題がかなり早く解決できるようになります。

理解すること

人は、同じところで悩み、ぐるぐると同じところを回ってしまう。そういうときは、占いをしたり、友人にアドバイスをもらったりするものだが、結局は決断できずにいる。物事の解決は、そのように同じことでくよくよ悩んでいるほど、かえって図れない。

実践すること

恋愛では、彼に対する思いが強いので、すぐにはこのレッスンは実践できないかもしれません。ですから、日頃からこの方法で物事を解決しておくことが大切です。慣れてくると恋愛の問題も早く解決できるからです。まず気にすることをやめ、最善を尽くしたら時に任せて、今一番しなければならないことに集中します。同時に自分が何を恐れているのかを書き出す作業もします。恐れから突き動かされるのではなく、正しいことをしつつ、よい解決に導かれると信じると、かなり早く問題が解決します。

20日目のLesson

「受け入れる」こと

あなたがさまざまな夢を叶えるために、しなければならないことは、「運命を受け入れる」ということです。人生の中で運命を受け入れるということは、あなたが自分の運命は変えていけるという自信を持つことです。普通、心の奥底では、「私がこうなったのは、これこれのせい」という考えを持っています。これは潜在意識の中に深く組み込まれていて、この考え方に縛られていると、運命の扉が開かないのです。

ある女性は、交通事故に遭いました。その後、足が不自由になったので、自分の人生はそれで終わりだと考えていました。加害者を憎み、すべて彼のせいだと考えていたのです。

これは、一部正しい考え方ですが、すべて正しくはありません。過去にどのようなことがあっても、「今」はその人が創り出しているものです。しかし彼女は、すべてがあのときのせいだと考えていました。人から笑われる、走ることができなくなった、結婚だってどうなるかわからない。もちろん、事故の責任は加害者にあったでしょう。しかしそれでも、加害者を恨むことをやめなければ、運命は開けません。

彼女は自分で未来を変えていこうと決めました。するとと、足のことを言われることがあっても、明るく答えることができるようになりました。対応が変わったのです。今までは「あの人のせいだ」と、何か言われるたびに傷ついていたのが、「そうなの、私ね、足が悪いけど、でもほら、歩けるでしょう?」と笑って答えられるようになったのです。それはすべての責任を彼女自身が受け入れて、彼女が自分で未来を歩もうと決心したからです。

今、彼女には彼女を支えてくれる男性が現れました。歩けるのなら、何でもできることに気がついて外に出かけて、できた縁です。

試練が大きい場合、苦しみ、そこで止まることは理解できます。その苦しみを抜けるまで、何年もかかることもあるでしょう。しかし最終的にその人がその運命を受け入れることが、周りの愛する人々や、その人自身の運命を明るく変えていく方法なのです。

理解すること

あなたが今いる状況を、誰かのせいや事件のせいにするのではなく、正しく受け入れる決心をすると、運命は変わってくる。

実践すること

今日、受け入れることを決めてみましょう。何が一番受け入れにくいことですか。「何のせいで」「私は幸せになれないのよ」と「誰に」訴えているのでしょうか。あなたが過去ではなく、「今」を作り出せる力を取り戻すには、そのこだわりを捨てることが大切です。

21日目のLesson

魅力的になる方法

お見合いをしても、なかなか出会いがないという相談者の話を聞いていると、その人固有の問題を抱えていることがわかります。さまざまな出会いの中で、「自分が好きなタイプはこうなのに」「実際はこういう人に好かれる」とか、「誰からも好きになってもらえない」という女性は、それなりの原因があります。両親から厳しく、「こういう男性でなければ人間ではない」というふうに育てられていた人たちもいました。

彼女たちの場合は、母親の束縛に反抗しつつ、同時に母親から教えられた価値観からも抜け出ることができなかったので、そういう条件の、しかし問題がある男性ばかりをひきつけていました。また、家族間に非常に問題がある人の場合、独特の雰囲気をかもし出していることもあります。「こういう人間でなければだめだ」と教えられているから、そういう人に関わりたいと願いつつ、そういう人はお父さんを連想させるので選ばない、という人もいました。真面目なお父さんに反感を持っていたために、不真面目な男性とばかり付き合って捨てられてばかりいる女性もいました。

その人が心の中に抱えている男性像がそのままひきつける男性を決めているのです。「こんな男性、どこから探してくるの」と思えるような男性ばかりをひきつけたり、男性は風俗に行くものだと諦めきっている女性の周りは、風俗に行く男性ばかりだったりするのです。

思い込みをはずすことや、心に抱えている恐れを取り除くと、事態が改善することはお話ししてきましたが、これは魅力もそうなのです。その人がきれいかどうかにかかわらず、その人が持っている考え方、潜在意識に考えている「人間とは」「男性とは」こんなものだという思い、人を許しているかどうか、そういうことがその人を閉じ込めていて、ある種、その人独特の雰囲気になっており、独特の男性をひきつけるのです。これは心と心は話をしているからで、表面上の意識ではなく、本能的な部分でひき合うからです。

そういう心の中のあかを洗い流すと、その人には自然な魅力が出てきます。両親が精神的に不安定で、不安な幼児期を過ごした女性の中には、気持がむらになって、相手を批判することで自分の不安を解消しようとしていることに気が付く人たちもいます。気が付かないうちに、批判的になって男性に敬遠されているのです。その中の一人は、他の人へ辛くあたることをやめると、もて始めたとの連絡が入りました。

理解すること

その人の魅力は、実際はその人が持っている「気質」「心の中」の魅力である。落ち着き、愛情の深さ、優しさなど、その人が持っている魅力は、さまざまな心のかげりを取り去ると、よりいっそう湧き出てくるもの。

人の魅力は、その人がどのくらい自分を人間として愛し、「魅力的である」と信じるかによって出てくる。それは、自分を受け入れることで、そういう心のあかが取り除かれてくるから。

実践すること

不自然な考え方がなくなり、あなたの心が自然になってくると、あなたの魅力が出てくるようになります。今まで両親から「醜い」「役立たず」と育てられた女性が、「自分は素晴らしい女性だ」と認めることで、おしゃれになって輝き出した例もあります。

STAGE.6

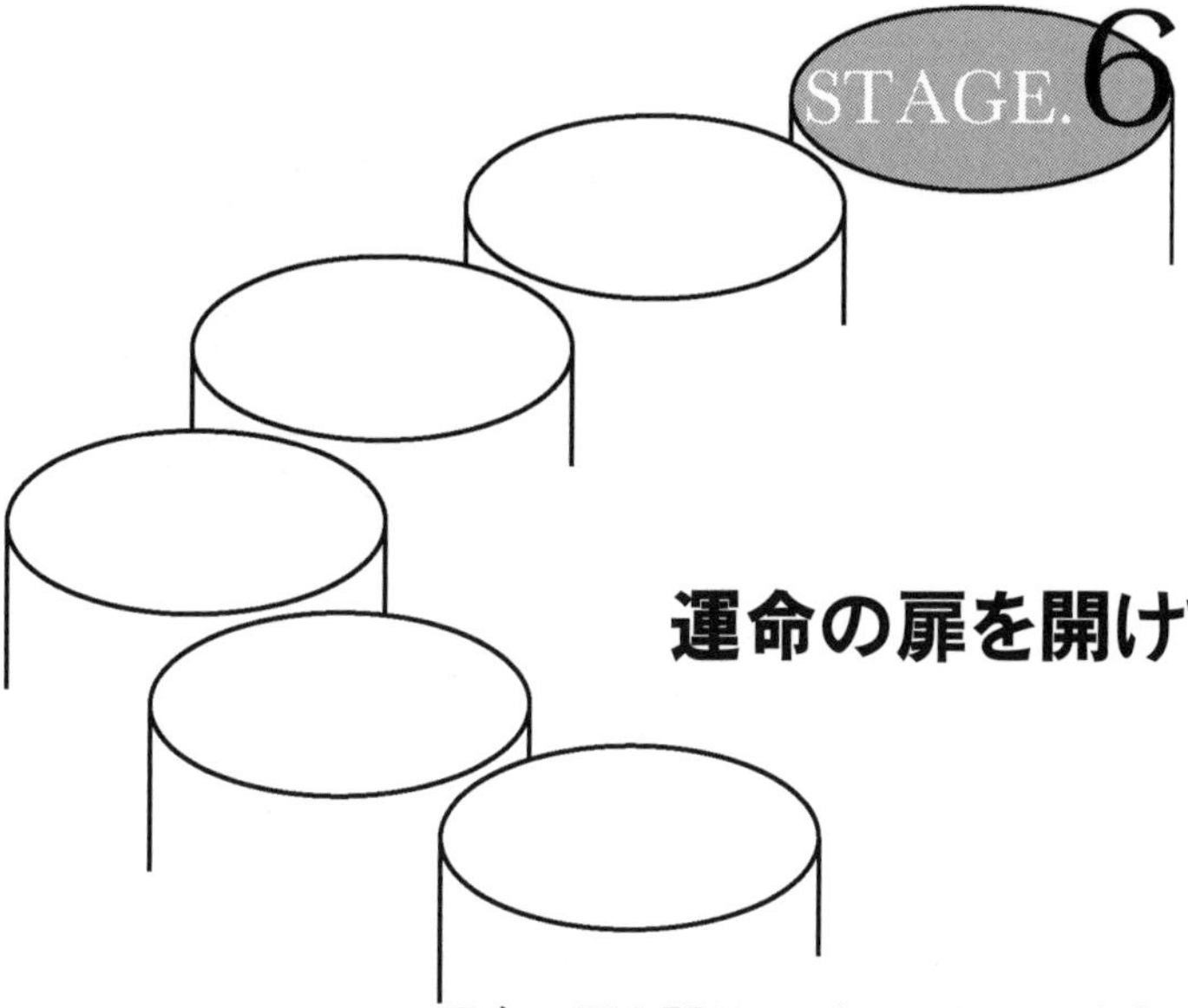

運命の扉を開けて

運命の扉を開けるとき、それは、あなたが
「今までのこだわりを捨てて、開こう」と決心した「今」です。
その人の時間が初めて動き始めます。
今まで、考え方に癖があったり、
潜在意識にわだかまっていたものがあったために、
変わることのなかったあなたの運命を、
変えることができるようになるのです。

22日目のLesson

幸せになることへの抵抗

人は、意外なことを心の奥底に抱え込んでいます。その一つは、「幸せになることに抵抗している」気持です。これは表面に出てこないので、とてもわかりにくいのです。

体の調子がいつも悪い、という人が、「私は年を取っているから」「若い者よりも疲れるし」と言っていました。しかしその人と話をしていると、若いときから同じように「体が弱いから」「私だけ恵まれていないから」と言っていたと言います。その人に、もし万が一、あなたよりも苦しい人がいたら、どう考えるのか、身近な人が、「あなたなんていいわよ、私はもっと痛いんだから」と言ったらどのように感じるかを話してもらいました。

彼女の口からだんだん、「自分だけが理解されない」「自分が一番でなくてはつまらない」という言葉が出てくるようになりました。これをさらにカウンセリングしていくと、彼女は戦争で両親と別れていて、「自分だけがなぜ、ここに残されたのだろう」「辛い辛い」という気持が、そのまま体に現れていることに気がつきました。

彼女の場合は、「辛い辛い」と訴えることで、自分の思いを表現をしているところがありました。そのために、「どうしてこんなに体調が悪いんだろう」「辛い辛い」「どうして私ばかりが」とどんどん悪く感じて自分を追い込んでいたのです。そういう心の負担がなくなると、彼女の体調は驚くほど改善したそうです。

また、「幸せになりたい」「お金持ちになりたい」と考えているのに、すぐにめげる人がいます。「どうせ学歴もないし」「実行不可能さ」という気持が湧いて消極的になるのは、実際にそれが原因ではなく、達成したら、自分が責任をとらなければならないとか、誰かに困っていると訴えることができないとか、恨んでいる人を許してしまうことになるのは嫌だとか思っているからなのです。

恋愛でも、「潜在意識」で恐れているものに気が付くと、事態が改善します。理想の男性に出会いたい、けれども理想の男性に出会ったら困る、と考えている人々は、実際に何人もいたのです。心の中を探っていくと、理想の男性に出会ってしまったら、親が自分を嫉妬するだろうとか、人から嫉妬されて自分は居場所がなくなるとか、親の言いつけにそむいてしまうという気持を持っていることがわかります。不幸になることで親と関わろうとした人は特にこの傾向が強いのです。

理解すること

人は誰でも幸せになりたいと思っている。しかし実際は、幸せである人を妬んで、「こんなに何でも手に入るなんておかしい」と言ってみたり、幸せである人々に苦々しい気持を持つこともある。「私が幸せになれないなら、あなただけが幸せになるのはおかしい」という考えを抱くのは、心の奥底では、自分は幸せになってはいけないと考えているから。

実践すること

「幸せになってはならない」という気持は、他の人への怒りや、自分が損をしているという気持となって表れてきます。他の人々を心から祝福し、彼らの幸せを心から願えるようになったときに、初めて「幸せになってはならない」という強い気持を癒すことができ、「自分も幸せになってもいいんだな」と思えるのです。そして、心の奥底から感じたこの気持は、とても早く実現していきます。

23日目のLesson

信じるということの意味

信じていることがそのとおりになる、それは真実です。しかし、それが間違っているために叶わない信念もあります。

あなたが空を飛ぼうとしても、それが魔法を使って自分の手だけで飛ぼうと思っているのであれば、それは叶いません。空を飛びたいと願った古代の人々は「手」にこだわらず、手に何かをつけるとか、高いところから飛んでみる、そういうさまざまな手段を考えついていたからこそ、空を飛ぶ夢は飛行機という形を借りて、叶っていったのです。

「空を飛びたい」という夢は叶うけれども、「魔法を使って空を飛びたい」という夢は叶わない、つまり目標をしっかりと見ていないと、手段にこだわってしまって夢は叶わない、ということです。

これは恋愛でも一緒で、信じている内容が間違っていると、それは、全く叶わないのです。

女性が誤りやすいこと、それは、「信じていれば叶う」と書いてある本を読んで、「彼を自分に振り向かせたい」あるいは、「今うまくいっていない彼だけれど、私が信じていれば戻ってくる」と思い込んでしまうことです。人というのは答えを知っていて、もし彼があなたにぜんぜん関心がなく、あなたがやっきになるほど彼が逃げていくのであれば、あなたは不安を感じているはずで、それは心が「それは間違った思いだよ」と教えてくれているのです。叶うものには平安があるのですが、それは、正しいことだからです。それから、彼の態度がおかしいのに、彼を信じることは、そうすることで自分の思いどおりに彼を動かそうとすることなので、これまた叶いません。

今の状況をしっかりと見ること、これが思いを叶える上で大切だということです。もし、あなたが、「ちょっと状況がよくなる」「また悪くなる」ということを繰り返しているならば、間違ったことを信じているのかもしれません。

「友人に相談して、彼のためにこれをしなさい、あれをしなさいと言われた」「そのとおりにやってみた」、その中には、「この恋愛にこだわらないほうがいいよと言われた」けれども、「彼がちょっと優しいから、大丈夫と考えてがんばってみた」。そして、状況がちょっとよくなり、また悪くなる、またちょっとがんばって連絡をもらう、しかしだんだんと悪くなってきたという道のりをたどっているのであれば、あなたは確実に状況を見ずに間違った何かを信じているのです。

彼との関係がうまくいかなくなったとき、彼から「どうしてそういうふうに考えるんだよ！　違うだろ」と言われる女性がいますが、それは彼女が彼の気持や言っていることにフィルターをかけて見ているので、彼がいらだっているのです。しかし、そういう状況が見えてくることで、恋愛がうまくいくようになることも少なくはないのです。

きちんと今を見ること、その上で「あなたが」どういう未来を決めたいかを決めること、これができるようになって、初めて運が変わってくるのです。

理解すること

運命を変えるためには、今まで逃げてきた、甘えてきたことを変えていかなければならない。もしあなたが、さまざまなことをきちんと見て、きちんとした信念を持つことができるようになると、運命が開けてくる。

実践すること

今の状況を受け入れましょう。彼が愛してくれたら問題が解決する、と考えているからそのような弱さが出てくるのですが、ちょっと長い目で運命を考えてみることが夢を叶える上で大切です。「彼じゃないと駄目」と彼にこだわるのではなく、「幸せなお付き合いをしたい」ということに集中してください。彼との状況を正しく見ることができ、信じるべきことを信じるようになると、運命は必ず開けます。

24日目のLesson

必ずやってくる試しのとき

あなたが運命を変えていくときには、試しのときが必ず来ます。しかしこれを乗り越えると、必ず運がよいほうに急速に変わってくるというのは、カウンセリングを受けた方々に共通して起きていることです。

まず、第一の試しは、今まであなたが頼ってきた方法を、変えようとするときに起きます。この心の底にある問題そのものに触れると、非常に強い感情が起きます。大概は、感動のような気持です。しかし今までの考え方に頼らないので、少し行動を変えていく努力が必要になります。

いつも彼に「捨てられるのではないか」と不安になってしまう癖があれば、そういうときに不安を彼に吐き出さず、彼に当たるよりも何が不安かを書き出す、という作業をすべきです。今まであなたは彼を呼び出すことで無意識に自分の不安を解消していたので、それができないと最初は不安になります。

あるいは、決断することを無意識に恐れてああでもない、こうでもない、と人に相談するばかりで決断できないのであれば、不安になったときに占いに頼ったり、友人に電話をかけまくることをやめて、問題は何で、何をしたいのか、どういうリスクがあり、どう自分が負うのかを考えるほうがずっと有効なことだと学ばなければなりません。しかし、今までの癖から、「決める」ことを避け「人に頼る」ことをやめると、不安になりますから、それを乗り越えることが必要です。

しかし原因を知ると、簡単にできるようになりますから、心配はいりません。今までは、「だって、彼と話し合わないと」「だって、人に聞いたほうがいいし」と考えていたものが、実は自分の不安や癖から来ているとわかれば、全く違う対応を取れるからです。

第二の試しは、自分が変わったときにやってきます。今まで潜在意識に書き込まれた、「自分は愛されない存在である」などのさまざまなメッセージを、行動を修正することで書き換えるのですが、このとき、早い時点で生活や対人関係に大きな変化が現れます。今まで誤った方法で物事を解決しようとして問題が起きていたので、その考え方を変えると、問題そのものが大きなものとは思えなくなったり、気にならなくなったり、また周りの状況が変わっていくのです。

しかしさらにもう一つの試しが、このときにやってきます。あなたの考え方の癖は全部が完全に修正されているわけではないので、二、三、今までの考え方に戻るようなことが起きます。しかしそれを乗り越えると、今度は本当にさまざまなことが変化していくのです。

対人関係と恋愛で悩んでいた人の例をあげたいと思います。恋愛でも対人関係でも、自分が尽くしているのに、他の人のように評価されない、という男性がいました。彼の問題は、貧しかったというコンプレックスでした。彼はそのために、「自分は評価されていない」と強く感じていたので、上司から怒られたり、恋愛相手から何かを言われるたびに、「どうせ自分だからこんなことを言われるのだろうな」と感じていたのです。

実際は誰にでもあることでも、「自分個人が駄目だから」と感じていたのです。その消極的な態度があったので、取引先でもすぐに自分から譲歩してしまいます。しかし譲歩しても、彼が「ここは条件を下げないと駄目なんだろうな」と感じていたので、相手はそれを当然だと思い、感謝してくれませんでした。

彼にはいつも対人関係で無理をしているという思い込みがあり、そのために彼のほうは「尽くしているのに」と感じるのですが、相手は「彼はこうしてくれて当然だと感じているようだから」と感謝をしないということが起きていました。つまり、彼の潜在意識下にある、「自分は評価されない」「そのために自分からいつも下に出ないと」という考えが、相手にそう扱われる原因となっていたのです。

彼の考え方を変える方法をカウンセリングで詳しくお教えし、彼には、「私は評価されていることを知っています。また、私自身を正しく評価し、人々の反応がどんなであっても、動揺することなく、自分が正しく判断して正しいサービスを提供します」という言葉を唱えてもらいました。

彼の場合、変化はすぐに起きました。まず対人関係で今までのように弱々しくなることがなくなり、親切で温かい人柄が評価されるようになりました。しかし試練はすぐにやってきました。同僚が非難を始めたのです。彼はすぐに今までの自分に戻ってしまいそうになりましたが、これを乗り越えると、よいことが起きることを知ってい ました。ですから、「同僚とは必ずうまくいく。私は誠実に彼に接する」と考え、彼にいつも正直に接するうちに、同僚は彼を助けてくれるようになったのです。

一つのことを変えるということは、今までのあなたが変わるということです。ですから心は抵抗することもありますが、それを乗り越えたとき、必ずよいことが起きます。彼は現在昇進し、恋人と婚約しています。

理解すること

あなたが運命を変えようとすると、今までの自分に戻そうとする何かが起きる。しかしそれを乗り越えると、急激な速度で運命が開けてくる。

実践すること

今までのレッスンの中から、一番問題となっている根本の原因を見つけたら、それを解消するための言葉を作り、それを毎晩唱えてください。これにより、さまざまな状況が解決していきます。もし解決していかないときは、あなたはまだ根本の原因に触れていません。しかし同時に、二週間後頃からやってくる二、三の試練のために考え方を戻さないことが必要です。それを乗り越えてから、状況が著しく改善しますが、それは普通、三か月から半年の間にやってきます。

25日目のLesson

奇跡のとき　初めて心の扉が開くとき

　あなたは素晴らしい存在です。ただ、あなたはそれに気が付かずに生活をしているだけなのです。人は、必ず心を閉じているところがあります。自分自身を守れると信じている方法で心を閉じてしまっているのです。

「相手の言うことを聞かなければならない」と感じていれば、相手に心からの信頼を寄せることができないでしょう。いつも嫌われることが恐くて、心から交わる豊かな関係が築けないからです。いつも愛されることばかりを望んでいれば、相手が自分の望んでいるすべてをやってくれないと、落ち着いて待つことができなくなります。心を閉じているのは、あなたが幼いときに両親との関係で、何かきっかけがあったからです。両親の教えが原因であることもあります。「男なんて信じられない」と教えられていた相談者もいました。あるいは、両親が一生懸命に愛してくれたのに、「妹よりも愛されなかった」などと感じて、「自分はぜんぜん愛されていない」と両親から間違って受け取ってしまったメッセージが原因であることもあります。また、自分自身の個性で、「私は優しくしたい、優しくすることで、問題を解決しよう」と感じてしまったために一つの方法に偏っていることもあります。そういったさまざまな原因から、「この方法で自分を守ろう」と思っているので、他の方法を学ぶことができずにいます。そのために、自分自身を信じることができなくなって、心の扉を閉じてしまったのです。

心の扉を開けるのは、あなた自身です。そして、その鍵は必ずこの本の中にあります。あなたが今まで閉じていた心の扉を開くとき、あなたに隠されていたあなた自身の強さや、また愛情の深さに気が付きます。あなたがあなた自身を見つめてその鍵を探すとき、あなたには明るい未来が開くことでしょう。

今日の理解することと、実現することは、すでにあなたの心の中にあるはずです。あなたは素直にあなた自身の声を聞き、あなた自身が抱えている恐れに気が付いてください。今までこだわっていたこと、こうしないと駄目だと感じていたことがなくなると、初めて光の存在に気が付くでしょう。さまざまな人々が、あなたを可愛いと思い、愛情を注いでくれていたことがわかるはずです。今まで見つめないでいた、「私はこうなんだ」という思い込みと、恐れに打ち勝つことができた瞬間です。運命の扉が開くたびに、あなた自身がどれほど愛されてきたかを、感じられるでしょう。

今日、あなたが理解することと、実現することは、あなた自身が決めてください。もう恐れる必要はありません。あなたが実践することは、「恐れから」ではなく、あなた自身が人々に愛を分かつためにする何かです。それを実践していくときに、あなたの中に眠っていたあなた自身を見出し、そしてあなたが欲しいと望んでいた、すべてのことが手に入っていることに気が付くはずです。


あなたの素晴らしい未来は、あなたが「受け取ることができる」という真実に気が付いたときに、手に入るのです。

今日でレッスンは終わりです。あなたが、あなた自身を妨げている原因を知りたいと望み、それがわかると信じてください。あなたにはできるはずです。

あとがき

人の価値は、どれほど大きいものでしょうか。人の命は、多くの人の手を借りなくては、生きることができません。あなたが生きているということは、あなたが生きられるように、誰かがオムツを変え、誰かが食べさせてくれたという、あなたそのものの価値の証明でもあります。

しかし人はそれに気付かずに生活しています。人にとって、愛し、愛されること、また、その人の使命を果たすことは、人生の中に組み込まれたプログラムです。ただ、自分の中に刻み込まれている「たった一つの恐れ」「固執している考え方」に縛られているために、そのことに気付くことができないのです。

私は独自のカウンセリングを行ってきました。そのカウンセリングを通して伝えていることは、たった一つのメッセージです。「人は愛することができる」「人は、愛されるようにできている」ということです。

たとえ今までどのような環境にいようとも、たとえ、どのように生きてきたとしても、自分自身の中の弱さに気が付き、人を責めるのではなく、自分自身を見つめることができたら、その人はもはや、「勝利者」になっているのです。

幸せになろうとすると、人は恐れを抱きます。自分の力はそれほどでもなく、幸せになることなどできないのではないかという恐れです。しかし、それを克服するのは、誰でもなく、あなた自身に任された使命です。

天は、あなたを信頼しています。だからこそ、あなたに「たった一つのテーマ」を与えました。あなたがそれを克服したときに、未来の扉が大きく開くように、あなたに「克服すべきテーマ」が与えられたのです。

この本で書いていることは、あなたの中にある一つのメッセージに、あなた自身で気が付くための地図です。この本を読む方々が、心の扉を開けて、豊かな未来への一歩を踏み出すことができることを、心から祈ってやみません。

本書は書き下ろしです。

キャシー天野（きゃしー　あまの）

東京生まれ。成城大学法学部卒業後、資料翻訳、通訳などに携わる。翻訳書には、E. ファイン、S. シュナイダー著、『The Rules Japan 恋と結婚の〝ルールズ〟』（青春出版社）、著書に『恋愛上手 とっておきの方法』（グラフ社）がある。日米両国の心理学、潜在能力開発法、恋愛法則などを独自に勉強し、深層心理にある「その人の考え方の癖」を変えることで問題を解決する独自の方法を伝えている。自らも、病院では治らなかった過食嘔吐症を自力で克服した経験をもつ。

現在、ブログの恋愛相談室は１日に4000以上のアクセスがある。

http://plaza.rakuten.co.jp/therules

恋愛革命
運命の人に出会う25日間

著者＊キャシー天野
発行者＊中尾是正
発行所＊株式会社グラフ社
〒150-0011 東京都渋谷区東1-26-26
電話・(03)3409-4610
振替・00120-5-55778
http://www.graphsha.jp
印刷所＊中央精版印刷株式会社

万一乱丁落丁の場合はお取替えいたします

ISBN4-7662-0895-1 C0095